DIREITO À INTIMIDADE COMO DIREITO FUNDAMENTAL E HUMANO NA RELAÇÃO DE EMPREGO

FLORIANO BARBOSA JUNIOR
*Mestre em Direito das Relações Sociais pela Universidade da Amazônia;
Defensor Público do Estado do Pará; Ex-Procurador do Banco Central do Brasil;
Ex-Procurador do Município de Belém; Ex-Advogado do Banco do Estado do Pará;
Ex-Advogado Militante Privado.*

DIREITO À INTIMIDADE COMO DIREITO FUNDAMENTAL E HUMANO NA RELAÇÃO DE EMPREGO

Dados Internacionais de Catalogação na Publicação (CIP)
(Câmara Brasileira do Livro, SP, Brasil)

Barbosa Junior, Floriano
   Direito à intimidade como direito fundamental e humano na relação de emprego / Floriano Barbosa Junior. — São Paulo : LTr, 2008.

   Bibliografia.
   ISBN 978-85-361-1070-7

   1. Direito à intimidade 2. Direitos fundamentais 3. Direitos humanos 4. Relações de emprego — Brasil I. Título.

07-7960   CDU-342.721:331

Índice para catálogo sistemático:

1. Direito à intimidade : Direito fundamental
   e humano : Relações de emprego : Direito
   do trabalho   342.721:331

© Todos os direitos reservados

EDITORA LTDA.

Rua Apa, 165 — CEP 01201-904 — Fone (11) 3826-2788 — Fax (11) 3826-9180
São Paulo, SP — Brasil — www.ltr.com.br

LTr 3549.5   Março, 2008

DEDICATÓRIA

*Aos meus pais, Floriano (in memorian) e Anamaria,
exemplos profissionais, de amor e dedicação
para formação de um filho.*

*Aos meus filhos, Josue e Miguel,
pessoas maravilhosas, tesouros da minha vida,
presentes pelos quais agradeço a cada dia.*

*A meu irmão, Oswaldo que partiu tão cedo,
médico generoso, referência de solidariedade e amizade humanas,
paradigma maior de minha coragem e desenvolvimento,
ensinamento de sobrevivência na dor e na crença na vida eterna.*

AGRADECIMENTOS

A Deus, acima de tudo.

Ao meu caro orientador do Programa de Mestrado da Universidade da Amazônia, Prof. Dr. *José Cláudio Monteiro de Brito Filho*, pela paciência, colaboração, comprometimento e apoio no árduo caminho de consecução deste. E pela competência que tanto me inspirou.

Ao amigo e parceiro, *Yuri Santiago*, pela força e ânimo que tanto me incentivaram a concluir este trabalho.

À Dra. *Henrieth Cutrim*, minha querida ex-esposa, qualificada e competente advogada do Setor de Direito do Trabalho do Núcleo Jurídico do Banco do Estado do Pará, pela ajuda nas pesquisas, pelos preciosos ensinamentos jurídicos e também pelo apoio nos momentos de crise. Para você, toda a felicidade que houver neste mundo.

À bibliotecária *Graça Pena*, amiga e colaboradora que revisou exaustivamente este trabalho e que, na crise, ensinou o amor, a solidariedade, a fraternidade e o prazer de deter uma competência ímpar.

A *Ana Julia Carepa*, prima muito amada, primeira Governadora do Estado do Pará, pelos exemplos de perseverança, coragem, lealdade, honestidade e humildade que tanto me fazem admirá-la.

Aos Drs. *Mário Ramos Ribeiro* e *Augusto Sergio Amorim Costa*, respectivamente, ex-Presidente e ex-Diretor Financeiro do Banco do Estado do Pará, pela oportunidade do mestrado.

À professora *Odete de Almeida Alves*, Desembargadora Federal do Trabalho pelos exemplos de solidariedade, amizade, inteligência, bondade, força e cultura, na pessoa de quem agradeço a *todo o corpo docente do Curso de Mestrado em Direito da UNAMA*.

Aos *meus colegas do Programa de Mestrado da Universidade da Amazônia,* que me elegeram seu representante no Programa e a todas as demais pessoas que, direta ou indiretamente contribuíram para a realização deste sonho.

SUMÁRIO

APRESENTAÇÃO — José Cláudio Monteiro de Brito Filho 11

INTRODUÇÃO 15

PARTE I
DIREITOS HUMANOS E DIREITOS FUNDAMENTAIS

1. Natureza, teorias e conceitos 21
2. A dignidade humana 27
   - 2.1. A dignidade humana e o Direito do Trabalho 29
   - 2.2. A preservação da dignidade como requisito do estado de saúde humana 31
3. Evolução dos direitos humanos 35
4. Características dos direitos humanos 42
   - 4.1. Historicidade 42
   - 4.2. Universalidade 43
   - 4.3. Limitabilidade 43
   - 4.4. Concorrência 44
   - 4.5. Irrenunciabilidade 45
5. Das gerações 46
   - 5.1. Primeira geração 46
   - 5.2. Segunda geração 48
   - 5.3. Terceira geração 50
   - 5.4. Quarta geração 51
   - 5.5. Quinta geração 52
   - 5.6. Gerações segundo *Brito Filho* 54

PARTE II
A INTIMIDADE E SUA TUTELA JURÍDICA

1. Teorias: conceitos e evolução 59
2. Poder. Limites. Relação empregatícia 64
   - 2.1. Poder organizacional 66
   - 2.2. Parâmetros de dimensionamentos do poder empregatício. A função social da propriedade 70
3. Discriminação 74

4. Contrato de trabalho. Critérios de seleção de pessoal. Limites do poder empregatício 77
5. Questões específicas de violação da intimidade 79
    5.1. Das revistas íntimas 79
    5.2. Verificação do computador e escuta telefônica 92
        5.2.1. Escuta telefônica 92
        5.2.2. Uso da *internet* e caixa de *e-mail* 94
CONCLUSÃO 107
REFERÊNCIAS BIBLIOGRÁFICAS 113

APRESENTAÇÃO

Durante muitos anos, no âmbito das relações de trabalho, e até nas lides levadas ao conhecimento do Judiciário Trabalhista, prevaleceu uma visão patrimonialista do relacionamento entre empregados e empregadores.

Era como se as obrigações resultantes do contrato, não obstante a doutrina já apontasse em direção diversa, estivessem resumidas à prestação do serviço, pelos trabalhadores, e ao pagamento das verbas daí resultante pelos empregadores.

Questões como assédio moral, proibição de discriminar, garantia de um meio ambiente do trabalho equilibrado, preservação dos direitos de personalidade do trabalhador, eram relegadas a segundo plano.

Hoje, a situação mudou. Cada vez mais se busca um ambiente do trabalho equilibrado, em que os trabalhadores sejam respeitados como iguais, com respeito às suas condições pessoais e com a preservação de sua intimidade.

Dar trabalho, então, não é mais somente proporcionar condições materiais para a prestação do serviço, mas sim respeitar o trabalhador em sua condição de ser humano, dotado de dignidade, portanto, o que lhe garante direitos básicos, em ampla frente.

Essa visão, pode dizer, humanística, tem sido cada vez mais explorada já havendo, hoje em dia, acervo jurisprudencial e doutrinário em quantidade razoável.

Ainda sim, lá e cá nos deparamos com interpretações que põem por terra toda essa construção, até porque ainda é preciso muito para consolidar uma visão que, como dito antes, não é tão antiga assim.

A pesquisa desenvolvida por *Floriano Barbosa Junior* que, em síntese, trata do direito constitucional à intimidade, na perspectiva de seu reconhecimento como integrante dos direitos humanos e, no plano brasileiro, dos direitos fundamentais, é parte importante nessa consolidação.

Dividida em duas partes, a primeira tratando do conhecimento necessário à compreensão dos direitos humanos e dos direitos fundamentais, e a segunda, de forma mais específica, do direito à intimidade, é obra que nasce como referência para o assunto.

Originariamente concebida como relatório de pesquisa em forma de dissertação de mestrado, foi defendida com sucesso perante banca examinadora formada na Universidade da Amazônia, em que participamos na condição de seu orientador.

Agora, aperfeiçoada após o debate público ocorrido, deverá nortear a tentativa de encontrar a correta interpretação para as formas mais adequadas de preservar a intimidade dos trabalhadores.

Por tudo isso, não tenho dúvidas em recomendar sua leitura.

José Cláudio Monteiro de Brito Filho,
Doutor em Ciências das Relações Sociais (PUC/USP).
Professor Adjunto IV da UFPA e Titula da UNAMA.
Procurador Regional do Trabalho.

*"É preciso reencantar, reinventar o direito. Revigorá-lo.
Fazê-lo readquirir seu papel como elemento
de valorização do homem.
Devemos renovar a necessidade de preservar a dignidade
do ser humano, um dos princípios fundamentais
da República do Brasil" (art. 1º, III, da Constituição de 1988),
e que não pode nem deve, ser esquecido.*

(FRANCO FILHO, Georgenor de Sousa.
Globalização do trabalho: rua sem saída.
São Paulo: LTr, 2001)

INTRODUÇÃO

O intento primário, instintivo e natural do comportamento do homem no curso de sua dinâmica vital é o de encontrar o bem-estar por meio do bem viver, da paz e da felicidade; isto é a sua vocação natural e espontânea.

Este estado de satisfação, entretanto, somente pode ser alcançado se forem satisfeitas as suas necessidades básicas. Algumas próprias e congênitas decorrentes de sua completude animal, outras, advindas de circunstâncias sociais geradas pelo progresso e aperfeiçoamento das técnicas de produção verificadas na história.

Não haverá saúde individual se não houver uma atividade social saudável e harmonizada que proporcione uma condição de bem-estar e felicidade, sendo esta inalienável para a saúde humana. As condições mínimas para alcançar este estado social dinâmico são garantidas mediante o exercício dos direitos humanos (NUNES, 2002b, pp. 50-57).

O evolver da vida social moderna, cada vez mais, impõe ao homem a satisfação de novas necessidades no sentido de liberdade e, ao mesmo tempo, de agregação social em razão da sobrevivência.

Todo homem precisa de um emprego digno, de respeito à sua liberdade, de ser tratado com igualdade em relação aos demais, de integrar-se socialmente na comunidade, de segurança que lhe permita viver estavelmente, de acato aos seus valores espirituais, de lazer saudável, de respeito à sua identidade, de educação, de assistência social etc., enfim, de uma gama de direitos que lhe assegurem o respeito da dignidade, o que lhe permitirá desenvolver sua personalidade plenamente e, assim, alcançar o estado de bem-estar.

Há, efetivamente, um número razoável de características gerais e comuns entre as pessoas constituídas pelos aspectos básicos de sua natureza, como as diversas necessidades presentes em qualquer cultura e momento histórico, em qualquer lugar do mundo e, por mais mutante que seja o homem e variadas as culturas, será preciso satisfazê-las. Portanto, não há diferenças tão substanciais entre os povos, se considerarmos que há apenas um único povo — o humano — com necessidades básicas comuns (DALLARI, 2004a, p.14).

Compartilham da mesma idéia os autores *Franco Filho* (2001, pp. 13, 16, 30) e *Bobbio* (1992, pp. 37-8). Afirmam que as barreiras nacionais vêm sendo derrubadas, que a integração entre as nações é um fato, a globalização, um fenômeno de realidade inquestionável e irreversível e que, com isto, aos poucos, a humanidade toma consciência de que não há grandes diferenças entre as pessoas.

Apesar da constatação da nova realidade decorrente da globalização e do aumento de fluxo social no mundo, não há ordenação que regule adequadamente essa nova feição, pois estamos em momento de caos.

Há um mal-estar latente decorrente da insegurança provocada pela falta de proteção do homem frente à invasão capitalista, fluxo relâmpago de dinheiro que invade as nações e os blocos comunitários, pois a velocidade com que essa realidade se apresenta não permite a elaboração da normatividade correspondente. Constata-se, então, um clamor em favor da proteção dos direitos do homem, da estabilidade e segurança das relações sociais entre os países.

Os padrões do fordismo, taylorismo e até mesmo do toyotismo já estão sendo superados, fala-se de uma era e nela se vive baseada em uma ordenação econômica caracterizada pela rapidez e eficiência obtida mediante o uso dos computadores e programas inteligentes, denominada de gatismo, de *Bill Gates*[1]. Tudo acontece em uma velocidade alucinante, o tempo de resposta e as oportunidades diminuem cada vez mais (FRANCO FILHO, 2001, p. 31).

Neste contexto, questiona-se: qual o valor que se tem atribuído ao homem, para quem o universo foi concebido e por quem o Mundo foi alterado?

O homem é considerado o ser mais importante do Universo. Isto é uma lógica existencialista, a proteção do homem que requer valor supremo é o foco primário e principal de qualquer modificação econômica, tecnológica, social ou de que natureza for. Este é o sentido teleológico da própria vida humana (DALLARI, 2004a, p. 15).

A ampliação econômica dos horizontes das nações tem diminuído sua capacidade de oferecer aos seus filhos as garantias básicas de cidadania necessárias à conservação de suas dignidades, pois é sucessiva a internacionalização das soberanias nacionais sem a correspondente e eficaz tutela normativa, protetora do ser humano.

As alterações sociais da história sempre foram precedidas de situações de caos, decorrentes da falência de valores que sustentavam a sociedade. Assim, pode-se dizer que, dos episódios sociais mais caóticos, como o das guerras mundiais, é que emergiu a construção da nova realidade da ordem social. Foi o caso do surgimento do direito de Genebra,

---

[1] Gatismo expressão derivada de Gates (Bill), dono da Microsoft, maior empresa de informática do mundo, significa a nova ordem econômica mundial orientada pelo uso da informática.

em meados de 1949, após as grandes guerras que dizimaram milhares de seres humanos, fato que ainda acontece no mundo de hoje (COMPARATO, 2004, p. 251).

A solução para esse caos moderno há de surgir e somente poderá acontecer com o amadurecimento de uma ordem jurídica que seja observada mundialmente, pelo menos no que se refere às relações sociais, que são as mais afetadas pela globalização da economia.

A vida humana, para se desenvolver de modo saudável e seguro, requer um mínimo de garantia em favor de sua própria liberdade e dignidade em qualquer local do planeta. Da lógica da supremacia do indivíduo como ideal do direito internacional, da lógica realista e da busca de convivência pacífica entre os povos, extraem-se sinais da universalidade destas necessidades e da homogeneidade necessária à tutela universal dos direitos humanos em qualquer estado de vivência.

A maneira premente para adequar a dinâmica da realidade atual à necessidade de regramento das relações humanas é conferir eficácia universal aos direitos humanos (RAMOS, 2004, pp. 31-2).

Não é fácil fazê-lo e a dificuldade de garantia dos direitos humanos se agrava quando o homem se encontra sob estado de subordinação, o que caracteriza as relações de emprego. O direito de propriedade, também consagrado no sistema pátrio como fundamental, é usado como critério de usurpação de outros direitos fundamentais.

A intimidade dos empregados tem sido violada em nome dos poderes que decorrem do empregador sob a justificativa de zelar pelo patrimônio. A ordem jurídica no Brasil ainda se encontra em estado embrionário quanto à proteção, não há leis específicas sobre a proteção do direito de intimidade dos trabalhadores, e somente agora as questões estão sendo interpretadas pelos tribunais superiores.

São aspectos básicos da vida dos seres humanos que não podem ficar ao desabrigo de tutela específica e urgente, como a necessidade de esclarecimento acerca da legitimidade ou ilegitimidade das condutas que possam violar a intimidade humana, nacional e internacionalmente, até mesmo para que se possa aferir um valor que provoque reação político-social de mudança.

Apesar da dificuldade de constituir um arcabouço de regras internacionais decorrentes da diferença de valores entre os países, há, em razão da feição moderna da economia (gatismo, de *Bill Gates*), uma generalização dos métodos de trabalho e dos fatores agressivos dos direitos humanos e, conseqüentemente, da intimidade o que torna comum a forma como se possa tutelá-los e coibi-los.

É a própria realidade que revela a urgência de achar soluções para problemas que a compleição global da economia acarreta. Se cada Nação tem seu líder, este tem de dirigir seu povo no sentido da união mundial em torno da solidariedade e bem-estar geral, de unificação popular mundial e de igualdade real entre os povos.

A beleza dos textos que abrigam os direitos humanos, a poesia e a esperança, que caracterizam as declarações universais de direitos do homem, emergentes de revoluções e guerras, e todas as manifestações idílicas de proclamação de garantias para uma vida melhor, têm de ser efetivadas. Por outro lado, a inveja e o egoísmo têm de ceder — no íntimo de cada ser humano e como valor social — espaço para a solidariedade e o bem-querer, caso contrário, a pressa e a competitividade, que caracterizam o comportamento das pessoas que vivem nas cidades modernas, vai aumentar a distância entre os homens e a falta de sociabilidade vai sufocá-los.

PARTE I

Direitos Humanos e Direitos Fundamentais

Não há diferença substancial entre os termos direitos humanos e direitos fundamentais, mas sim uma generalização de sentido e escopo, ou seja, ambos se prestam a traduzir os direitos voltados à garantia de preservação da dignidade do ser humano, seja perante os demais integrantes do grupo, seja diante do poder estatal que lhes governe (DALLARI, 2004a, p. 12).

Apesar disso, a doutrina preconiza que os direitos fundamentais devem ser considerados como aqueles reconhecidos pelo Estado na ordem interna como necessários à dignidade da pessoa humana; já os direitos humanos podem ser definidos como um conjunto de direitos voltados à garantia do respeito da dignidade humana por todos os estados, todos os povos em todos os lugares, independentemente de sua declaração em constituições, leis e tratados internacionais (BRITO FILHO, 2004a, pp. 28, 31-32).

1

NATUREZA, TEORIAS E CONCEITOS

Os direitos humanos devem ser compreendidos como um meio universal para garantir a preservação da liberdade, da dignidade e, por conseguinte, de manter em nível saudável a auto-estima de todo ser humano. Meio integrativo fundamental e necessário para sanar a sensação de insegurança gerada pela falta de regras para o relacionamento entre pessoas que transitem por esferas de soberanias diversas, os direitos humanos visam a assegurar o bem-estar das pessoas (BRITO FILHO, 2004a, p. 9).

As pessoas precisam de garantias básicas e condições adequadas para o desenvolvimento pleno de suas personalidades, estejam elas residindo e se relacionando em suas pátrias ou em países diferentes.

O reconhecimento no âmbito de cada estado soberano da vigência natural da ordem internacional protetora dos direitos humanos, independentemente do regramento interno adotado, é uma tendência futura inevitável e já se mostra, atualmente, necessária (NUNES, 2002b, pp. 24-27).

Mas, quando surgiram os direitos humanos? Talvez não se possa fixar com precisão, entretanto, mais importante do que o momento em que se despertou para a realidade relativa às necessidades individuais e sociabilidade, próprias e naturais do ser humano, compreendidas como fundamento da existência dos direitos humanos, é entender o elevado grau de vigência destes direitos em cada estágio da vida atual e os efeitos positivos ou negativos graves que a sua observância, efetivamente, revelam como conseqüências.

Duas teorias se debatem no afã de tentar fixar a natureza dos direitos humanos: uma, a naturalista, argumenta que eles emergem da própria natureza humana, pois as necessidades que visa proteger são da essência do próprio ser humano. Outra, a historicista, entende que os direitos humanos foram aparecendo ao longo da história do homem a partir dos eventos sociais mais relevantes (BOBBIO, 1992, p. 5).

Sob a perspectiva naturalista, os direitos humanos existem desde que existe o homem e dele são, naturalmente, indissociáveis já que se destinam à salvaguarda das necessidades vitais de sua espécie. Se detiverem natureza histórica, não implica a retirada de suas características naturais, pois nada impede que o homem, já os retendo como necessidades congênitas, tenha de sua ativação se conscientizado e apercebido a partir do evento revelador do dano respectivo em momento oportuno, ocasião em que se tornaram históricos.

Não há, portanto, incompatibilidades entre as teorias, ao contrário, sob uma visão inteligente e teleológica, elas se reforçam e se completam para afirmar a existência e vigência dos direitos humanos como salvaguarda das mais relevantes necessidades humanas, fundamentadas na experiência da existência, cujas manifestações, sob a perspectiva científica, confundem-se com o próprio tempo de vida do homem.

Não é possível enumerar os direitos humanos, especificando-os objetivamente, seria impertinente à realidade mutante que lhe caracteriza a espécie, pois logo surgiria a necessidade de modificar o leque, sem considerar que seja inquestionável que haja uma série de direitos reconhecidos a todo ser humano (BRITO FILHO, 2004a, p. 9).

O homem, cujos direitos humanos não sejam respeitados, não reunirá os mínimos requisitos para se sentir bem, não terá meios de alcançar uma imagem própria positiva que lhe proporcione uma condição de saúde necessária a sua sobrevivência.

Devido a sua natureza sociável é evidente que somente a ação voltada para a satisfação do bem-estar pode ser considerada sã no agir, pois conduz à busca da felicidade e nisso todos os seres humanos são iguais, o que é indiscutível.

É no princípio da solidariedade que reside a base da sociedade moderna e do mundo, cuja construção futura é inevitável (DALLARI, 2004a, p. 16), exemplo de civilização mais avançada, revelando o que se conhece por soberania compartilhada e que constitui novo paradigma para a nacionalização (FRANCO FILHO, 2001, p. 31).

O maior desafio, no entanto, é ter de produzir em cada membro da sociedade o sentimento de valorização do homem, que, sem a observância mínima dos direitos humanos, não será possível (DALLARI, 2004a, p. 12). Torna-se necessário, então, reconhecer o grau de vigência dos direitos humanos na consciência crítica humana, que lhe confere legitimidade, muito embora, na prática, o homem seja subjugado por interesses econômicos e por ordens positivas contumazes da visão da realidade.

A conseqüência negativa de fatos da vida advém da ignorância humana e não é diferente em relação à saúde humana. O grau maléfico produzido por uma conduta contrária aos direitos humanos provoca intersubjetiva e socialmente, obstáculos ao bem-estar e à direção que deve ser adotada nas relações sociais.

Cada ser humano é parte importante de uma engrenagem — a comunidade — e, a afetação negativa de um membro, certamente acarretará um movimento reverso de forma direta ou indireta; uma injustiça causará mal-estar geral e danos sociais. Não se pode desprezar tal constatação.

As barreiras físicas e sociais existentes entre os povos estão sendo derrubadas, as relações estão mais acessíveis pela organização das comunidades supranacionais, a dinâmica do mundo moderno está, naturalmente, unificando as culturas e alterando a dimensão do nacionalismo (FRANCO FILHO, 2001, pp. 13-15) propiciando uma integração pessoal maciça.

Assim, o bem-estar pessoal poderá ser alcançado quando a generalização subjetiva cultural deste estado de espírito visar ao bem-estar da coletividade. A prática da solidariedade estende-se e resgata a dignidade humana, valoriza e eleva o ser.

A violação de um direito humano fundamental desencadeia um processo de mal-estar e conduz o agente legítima e naturalmente, a repugnar a prática e optar por uma conduta que satisfaça sua necessidade sem violar o direito alheio, pois, ao final, essa conduta reprovável diminui o seu grau de existência e, no trabalho, reduz a produtividade.

Note-se o quanto essa forma de ver as coisas revolve a natureza dos modernos direitos difusos (direitos humanos de terceira geração, ou de solidariedade — parte 1 — item 5.3) e nessa espécie, a característica de direito universal é conferida ao meio ambiente. O difuso é a consciência de que todos nós, seres humanos, somos, sob o prisma biológico integrantes de um só mundo — o universo — e por isso estamos, irremediavelmente, interligados (RAMOS, 2004, pp. 29-30). Daí o sinal da grande semelhança existente entre os homens que, quanto mais negada, mais os distancia de sua essência — o altruísmo — característica que gera a solidariedade, o bem-estar e o respeito à dignidade humana.

Nenhuma norma ou princípio jurídico instituidor do estado democrático de direito, seja de natureza econômica, social ou individual pode, sob qualquer hipótese, privilegiar qualquer fator em detrimento do homem e, em decorrência disso, do bem-estar social. É preciso fazer com que o direito readquira seu papel de elemento de valorização do homem (FRANCO FILHO, 2001, p. 52)

Os valores da sociedade devem estar logicamente voltados à satisfação das necessidades humanas vitais (direitos humanos) sempre e em primeiro lugar e, por uma razão muito lógica, não há nada mais importante para o ser humano do que ele próprio (garantida esta condição com a salvaguarda da respectiva dignidade), tudo decorre de e para si. Este é o vetor interpretativo e diretivo, princípio nuclear do Estado juridicamente organizado que visa à consecução do bem-estar, como o Brasil.

Quando surgiram os direitos humanos ou quando para eles se despertou significavam uma forma de proteção dos indivíduos contra o poder estatal, comumente ligado ao conceito de direito fundamental positivado. Modernamente, não é assim, devem ser vistos sob um aspecto mais abrangente e a partir de ângulo de visão diverso — da necessária preservação da condição humana íntegra, como fórmula de uma vida feliz e abundante, repleta de fraternidade e bem-estar. Este há de ser o escopo de qualquer ordem jurídica elaborada por seres humanos sãos. Os valores humanitários têm de funcionar como limitadores dos interesses econômicos e políticos em favor da preservação da dignidade humana, inclusive como fundamento de mecanismos para inclusão econômico-social.

A vigência universal dos direitos humanos, mesmo que sob uma perspectiva da consciência crítica ético-jurídica, não pode ser vista como tentativa de usurpação da soberania das nações ou como modo de intervenção estatal externa, mas sim como vetor referencial da condição axiológica da existência humana digna sobre a Terra e, a partir disso, como princípio interpretativo mundial e supremo, necessário à coerência de qualquer ordem jurídica organizada e dotada de lógica existencialista, uma vez que foi elaborada por homens, para o próprio usufruto de sua espécie.

Os direitos humanos, conforme *Verdú* (2003, p. 516), consistem em uma fundamentação axiológica da posição do homem no cosmos, na ordem universal, na qual a humanidade está ordenada em uma hierarquia composta pela lei eterna, natural e positiva — tal como exposto por *Santo Tomás de Aquino* e ratificado pelos filósofos da Escola de Salamanca[1].

Neste sentido, os direitos humanos, apesar de serem determinações político-positivas emanadas de órgãos estatais e supra-estatais, correspondem a uma concepção transcendente, de uma cosmovisão baseada em crenças religiosas e sob o enfoque não credencial, baseados no pensamento *Kantiano*[2], ao considerar o homem como um fim e não como meio.

O correto significado dos direitos humanos corresponde à base da vida em sociedade e decorre da necessidade de preservação de um mínimo de direitos que devem possuir todos os homens sem deixar de considerar que as sociedades se desenvolvem de forma distinta e que, por isso, é necessário buscar em cada cultura a forma de preservá-los.

---

(1) AQUINO, Sto. Tomás de, com a obra *Suma Teológica, Ia IIae, qu.9*, prega que há uma hierarquia entre a lei eterna (suprema) que só o próprio Deus conhece a plenitude; lei natural — gravada na natureza humana que o homem descobre por meio da razão, e, mais abaixo, a lei humana — lei positiva editada pelo legislador.
(2) KANT, Immanuel, filósofo alemão, 1724-804, desenvolveu o postulado ético mediante o racionalismo crítico e prático.

Assim, a expressão direitos humanos se liga aos ideais de liberdade, justiça e dignidade humanas que devem sempre nortear o relacionamento entre os homens.

Não existe uniformidade na criação e aplicação de regras de conduta aos povos que têm culturas e valores distintos, porém, isso não nega a existência de um mínimo de direitos que deverão sempre ser respeitados (BRITO FILHO 2004a, p. 9).

Ao se tratar de relação de emprego há um choque entre o interesse do empresário em proteger seu patrimônio material e os direitos dos trabalhadores em preservar suas dignidades.

O direito à propriedade individual foi reconhecido, historicamente, como fundamental e como instituto público constitucional que caracteriza um sistema econômico como capitalista, entretanto, seus ditames não são ilimitados em relação aos outros direitos expressos na constituição de um Estado juridicamente organizado, principalmente em relação àqueles de natureza personalíssima como o direito à intimidade.

O ente mediante o qual se desenvolve o sistema capitalista é a empresa, entidade abstrata que congrega sob seu comando fatores de produção e pessoas. O proprietário é, via de regra, o responsável legal pelas conseqüências de sucesso ou insucesso dos destinos das empresas, e isso lhe confere a prerrogativa de ordenar os fatores de funcionamento, contratando os empregados e estabelecendo quais atribuições cada um vai desempenhar.

Na época em que estavam consagrados os ideais de plena liberdade, prevalecia o entendimento de que para a otimização da relação de emprego, as partes envolvidas na relação de produção necessitavam estabelecer, por si próprias, as condições da dinâmica obrigacional respectiva. O tempo mostrou que a desigualdade das partes esmagava os interesses mínimos do ente individual — o empregado — em favor do ente coletivo — a empresa.

Foi dessa constatação que nasceu a legislação trabalhista e o modo como foi conformada sua feição protetiva. Segundo a forma de interpretar a tutela dos direitos dos trabalhadores, ao menos no Brasil, as normas que os favorecerem, constituirão padrão inafastável pela vontade das partes de tutela contratual (DELGADO, 2004, pp. 199-201).

Assim, como a Constituição Federal (BRASIL, 2005) estabelece que é inviolável a intimidade, não é o fato de o empregado estar sob estado de subordinação que lhe vai ser subtraída essa garantia. É justamente o inverso, para situações em que seja difícil fazer valer a dignidade é que a força da norma ganha atividade.

A violação dos direitos humanos dos empregados por meio de revistas físicas íntimas, de escutas telefônicas e averiguação nos computadores das empresas com fundamento no poder de fiscalização empresarial, pressupõe a sobreposição do direito de propriedade e suas conseqüências aos direitos fundamentais dos indivíduos, ilegitimamente.

A gravidade da situação está na subversão dos valores da sociedade e do próprio sentido teleológico da construção do Estado juridicamente organizado que impede que o ser humano desenvolva a expressão máxima de sua personalidade.

Tal situação tem conseqüências muito mais graves do que se tem afirmado. As decisões dos tribunais trabalhistas e uma vertente considerável da doutrina vêm mostrando que se tem entendido como legítimas algumas práticas de violação da intimidade, com algumas restrições. Esse é um entendimento errado do sentido teleológico do próprio Estado de Direito e, por isso, deve ser revisto, para que se conceda ao ser humano o tratamento necessário a lhe conduzir no sentido da valorização própria e satisfação de sua capacidade de ser pleno e feliz. Somente erguido sobre esses valores é que construiremos um país coerente, existencialmente falando.

2

A DIGNIDADE HUMANA

Não é possível falar em sistema jurídico legítimo que não se fundamente na garantia do respeito à dignidade humana. É a evolução da construção de uma razão ético-jurídica-universal que o impõe; isso recobra ao próprio sentido teleológico do estado de direito e ao seu constante aperfeiçoamento como método de vida social e pacífica.

Dentre as garantias constitucionais, sem dúvida, a mais importante é a dignidade humana. Ela é o próprio fundamento de todo o sistema constitucional brasileiro e de todos os demais direitos individuais, porque estes se voltam a concretizar o direito de dignidade, cujo conceito foi sendo construído ao longo da história e, hoje, representa um valor supremo do ser humano, absoluto e pleno, não suscetível de sofrer restrições ou relativismos (NUNES, 2002, pp. 45, 47).

Segundo *Brito Filho* (2004b, pp. 43-44), a dignidade humana consiste em uma qualidade intrínseca e distintiva inerente ao homem que o torna merecedor do respeito e consideração por parte do Estado e da sociedade. Desta qualidade decorrem diversos direitos e deveres fundamentais que garantem condições mínimas para uma vida saudável, promovem a participação ativa e co-responsável nos destinos da própria existência e da vida em comunidade, resguardando-lhe contra todo e qualquer ato de cunho degradante e desumano.

Ruprecht (1995, pp. 104-108), sob o prisma do trabalhador, definiu a dignidade humana da seguinte forma:

> "O princípio da dignidade humana também conhecido como o princípio do valor humano consiste em considerar o trabalhador não como uma mercadoria ou elemento de produção, mas como ser humano. Na aplicação do *jus variandi* deve ser respeitada a dignidade física e moral do empregado".

A partir da segunda metade do século passado, com a experiência do genocídio nazista, houve um deslocamento universal de consciência crítica do direito. Originou-se dali um novo modelo ético-jurídico baseado em uma nova razão ético-jurídica universal.

Isso se afirma não somente com base no surgimento de escritos que previam a vigência universal dos direitos humanos e que não constituem objeto de estudo desta pauta, o objetivo é verificar, filosoficamente, por meio dos fatos sociais, como se alcançou a consciência da necessidade de preservar a dignidade nas relações de emprego. Nesse mister, as declarações de direitos constatam que houve efetivamente uma mudança do pensamento jurídico que criou um conceito principiológico, que passou a governar a lógica mundial, legitimando os direitos humanos como princípios universais e a dignidade humana, um valor supremo do ser humano (NUNES, 2002b, pp. 25-6).

É por esse motivo que a Constituição Federal da Alemanha Ocidental do pós-guerra abriga, como artigo de abertura, os ditames de que a dignidade humana é intangível e que respeitá-la e protegê-la é obrigação de todo o poder público. O povo alemão reconhece os direitos invioláveis e inadiáveis da pessoa humana como fundamentos de qualquer comunidade humana, da paz e da justiça do mundo (*ibid*, p. 49).

O pensamento atual não aceita que se verifiquem violações à dignidade da pessoa humana, caso contrário, deve ser considerado inválido e ilegítimo.

Assim como todos os demais direitos, o de igualdade é corolário da realização e está ungido ao princípio da dignidade humana, pois não há dignidade humana, se não houver a efetiva igualdade entre os povos (MORAES, 2002, pp. 64-5).

A dignidade é um valor supremo construído historicamente com base em razões jurídicas, o direito funciona sempre como barreira e meio de eliminação de sua violação que acontece em eventos sociais nem sempre jurídicos (NUNES, 2002b, p. 46). Em razão disso, afirma-se que a maneira correta de caracterizar a dignidade da pessoa humana, como uma conquista da razão ético-jurídica, decorre da reação às atrocidades da história da humanidade.

A inteligência como traço distintivo do ser humano, ligada a sua liberdade, diferencia-o dos animais irracionais, confere domínio sobre sua própria vida, fá-lo, enfim, superar necessidades. A superioridade racional humana conduz à dignidade (*ibid.*, pp. 49-50).

O princípio do bem-estar é o ponto crítico decisivo na aferição do respeito à dignidade humana e, por conseguinte, da natureza positiva ou negativa dos eventos sociais e intersubjetivos. Explícita ou implicitamente albergado em diversos pontos do ordenamento, serve de norte interpretativo da maior relevância para todo o sistema.

A exigência do respeito da dignidade humana como princípio básico do sistema impõe objetividade ao que a lógica existencialista revela (*ibid.*, p. 19).

2.1 A DIGNIDADE HUMANA E O DIREITO DO TRABALHO

A dignidade humana é considerada pelas constituições modernas um núcleo central dos direitos fundamentais.

Sendo assim, qualquer ação humana deverá estar pautada na observância do conceito de dignidade, sobretudo àquelas que definem situações de aplicação dos direitos fundamentais que atribuem conteúdo jurídico prático ao conceito de dignidade humana.

Daí a conclusão de que o princípio da dignidade da pessoa humana deverá servir como norte interpretativo geral, vinculando o intérprete em seu ofício.

Foi a penúria da classe trabalhadora que motivou o surgimento dos direitos sociais e econômicos, do qual o direito do trabalho é espécie. Estes direitos vieram a se somar às liberdades públicas.

Neste sentido, pronuncia-se *Barcelos* (2002, p. 147):

> "O intérprete deverá demonstrar explicitamente a adequação de suas opções tendo em vista o princípio constitucional pertinente à hipótese e o princípio geral da dignidade da pessoa humana, a que toda a ordem jurídica afinal se reporta. [...] Assim como se passa com a fundamentação da decisão judicial, através da qual se observa o percurso trilhado pelo juiz, permitindo identificar facilmente onde ele porventura se tenha desviado da rota original, da mesma forma a exposição de como uma determinada opinião jurídica se relaciona com os princípios constitucionais aplicáveis permitirá certo balizamento e, em conseqüência, o controle constitucional do processo de interpretação e de suas conclusões através da sindicabilidade da eficácia interpretativa dos princípios constitucionais."

Assim definem-se os parâmetros por meio dos quais se estabelecem os limites do poder público e privado no âmbito dos contratos e das relações de polícia. É uma ativação de ordem pública indeclinável pela vontade formadora dos contratos, e um modo de impingir igualdade entre partes desiguais, garantir um nível mínimo de cidadania aos membros da comunidade — liberdade absoluta que outrora lhe caracterizava mostrou-se insuficiente — conforme se esclarece no tópico da evolução dos direitos humanos, por ocasião do reconhecimento da emergência dos de segunda geração (direitos sociais).

No âmbito do direito econômico, fica claro pela dicção do art. 170, *caput*, da Constituição Federal (BRASIL, 2005), que a vida digna está intimamente relacionada ao princípio da valorização do trabalho humano. "A dignidade humana é inalcançável quando o trabalho humano não merecer a valorização adequada" (LEDUR, 1998, p. 95).

A dignidade humana não é apenas o fundamento da República, mas também e em conseqüência disto, é o fim ao qual se deve voltar à ordem econômica. Esse princípio compromete todo o exercício da atividade econômica, vinculando aos seus ditames os agentes econômicos públicos e privados, sobretudo as empresas, a qual deve se pautar dentro dos limites impostos pelos direitos humanos. Qualquer atividade econômica que for desenvolvida em nosso país deverá se enquadrar no princípio mencionado, com mais razão pela espécie de sistema econômico adotado — o social capitalista — em que a propriedade privada deverá atender à sua função social (GRAU, 2000, p. 221).

Quando a Constituição impõe que, na dinâmica das relações de natureza econômica, devem ser observados condicionamentos e parâmetros necessários para que seja assegurada uma existência digna, quer significar que há restrições ao exercício da atividade e do direito de propriedade privada que o caracteriza. Tais limitações nessa ordem interna correspondem à valorização do trabalho humano e ao reconhecimento do seu valor social, como meio de garantir vida digna a todos (BRASIL. Constituição, art. 170, *caput*).

Portanto, no âmbito das relações econômicas, dentre elas o das relações laborais, há de se dispensar aos trabalhadores tratamento peculiar, considerando que o sistema adotado dá prioridade aos valores do trabalho humano sobre os demais da economia de mercado e que todos esses valores se voltam a proporcionar vida digna aos seres humanos (SILVA, 1995, p. 720).

Nesse contexto é que a dignidade humana deve preceder em importância todo e qualquer valor da ordem econômica, tais como, aqueles que se justificam pelos valores da propriedade e seus corolários, até os que afetam outros bens humanísticos, como a intimidade, a moral, os bons costumes etc. (SARMENTO, 2004, pp. 42-3).

Com base nessas normas constitucionais podemos inferir outro princípio cardeal do direito do trabalho: o princípio da proteção. A Constituição promove, por meio do elenco dos direitos sociais e da prevalência dos valores do trabalho sobre o capital, um sistema de proteção ao hipossuficiente — do trabalhador — de modo que se busca uma igualdade substancial na relação de trabalho, obrigando a escolher, entre várias interpretações possíveis, a mais favorável ao trabalhador; é a manifestação do sentido teleológico do direito do trabalho (DELGADO, 2004, pp. 197-8).

O juízo da dinâmica do direito à privacidade do trabalhador no local de trabalho e seus possíveis casos de violação, como parte integrante da questão do direito de respeito à dignidade humana, devem se pautar nos preceitos acima aludidos, sendo crível ao intérprete direcionar seu pensamento de forma a garantir o máximo de dignidade, valorização do trabalhador e sua proteção. Aderindo a essas premissas, está-se promovendo uma interpretação normativa legítima, de acordo com a Constituição.

2.2 A PRESERVAÇÃO DA DIGNIDADE COMO REQUISITO DO ESTADO DE SAÚDE HUMANA

O ser humano é um animal cuja racionalidade acontece devido à presença da inteligência que é limitada por diversos fatores circunstanciais e conjunturais. Portanto, há atitudes do homem mais ou menos animadas em razão de sua motivação instintiva.

Considerando essas premissas, se observarmos que viver e morrer são vertentes da vida em constante alternância no processo de existir e que caracterizam a dinâmica inerente à vida, dela indissociáveis, concluiremos, por lógico, que a natureza das atitudes do homem podem estar ligadas ao caráter construtivo, no sentido de prestígio da vida ou como a temos chamado — positiva — ou, para o oposto — as de caráter destrutivo ou da morte — negativa, esta como um modo de auto-justiça punitiva. O que fundamenta essa construção é o próprio senso crítico de justiça que caracteriza a razão humana.

Quando o ser humano caracteriza seu agir por comportamentos construtivos, prepondera a corrente positiva e o estado humano de saúde acontece. O que anima essa forma de agir é a auto-imagem de natureza positiva que o ser humano detém, pois, seu senso crítico de justiça própria o autoriza a assim proceder. Dessa maneira, sobressai a possibilidade de o homem se sentir feliz e em bem-estar.

Ao contrário, o estado de não saúde se apresenta quando as atitudes do ser humano se caracterizam por comportamentos contrários a sua natureza, são destrutivos e vão de encontro ao instinto humano de sobrevivência. É que o estado de espírito fica desprovido de dignidade própria. Assim, o respeito da dignidade é requisito indispensável para a possibilidade de conservar o ser humano em estado positivo preponderante.

Corroboram a esse entendimento os estudos mais a frente revelados acerca da forma como sucede a destruição do ser humano, o empregado que sofre o assédio moral. Uma das molas propulsoras da degradação é o fato de que, a partir de determinado momento, o assediado começa a acreditar que merece as atitudes que se lhe perpetram e isso decorre exatamente da imputação ilegítima que lhe fazem maciçamente, conduzindo-lhe a uma auto-imagem negativa e destoada da realidade.

É pertinente esclarecer que se faz a analogia e parte-se dos parâmetros do assédio moral devido a uma das formas de perpetrá-lo que é por meio da violação da intimidade, ou melhor, sempre afeta a intimidade humana em desenvolvimento, assim como na espécie de assédio sexual.

São inéditos os estudos quanto às conseqüências patológicas decorrentes dessa prática. Jamais se foi tão longe ao reconhecê-las objetivas devido a agressões morais executadas no trabalho. Tais constatações constituem o marco de nova etapa da luta pela preservação da dignidade e, por conseguinte, da saúde humana do empregado.

O termo dignidade se refere a um aspecto congênito da condição humana que permite ao membro da espécie viver e desenvolver suas qualidades e atividades sociais de modo positivo, no sentido da vida, da felicidade. Despojado de dignidade, o homem alcança uma condição mental despida dos requisitos básicos necessários à sustentação da vertente positiva.

Pelo elevado grau de prejuízo pessoal que causam é evidente que se tem costumado avaliar, de maneira mesquinha, as conseqüências e efeitos maléficos que a violação da dignidade humana provoca em suas diversas espécies, mormente na violação da intimidade.

Pratica-se o assédio moral com naturalidade, muitas vezes sem perceber que se viola a dignidade humana por meio do desrespeito ao direito de intimidade e de outros direitos básicos do ser humano. Faz-se, normalmente, como se fosse legítimo, com respaldo jurídico, como se fez na Alemanha, na época do regime Nazista.

Inéditos estudos de *Caixeta* (v. 13, pp. 90-98) e de *Zimmermann et al* (v. 13, pp. 99-112) comprovam as gravíssimas conseqüências que a violação da dignidade humana, por meio do terror psicológico pode acarretar: depressões, aumento súbito de peso, perpassando por diversos outros males até chegar ao suicídio. A causa disso é o desrespeito à dignidade humana, mediante violações dos direitos humanos, da intimidade humana, da moral.

O assédio se torna possível porque vem precedido de uma desvalorização da vítima pelo agressor, que é aceita e até afiançada pelo grupo. Essa depreciação leva o ofendido a pensar que realmente merece o que está acontecendo.

Em um grupo, é normal que os conflitos se manifestem. Um comentário ferino em um momento de irritação ou de mau humor não é significativo, sobretudo se vier acompanhado de um pedido de desculpas. É a repetição dos vexames, das humilhações, sem qualquer esforço no sentido de abrandá-las, que torna o fenômeno destruidor.

O terror psicológico provoca na vítima danos emocionais e doenças psicossomáticas, como alteração do sono, distúrbios alimentares, diminuição da libido, aumento da pressão arterial, desânimo, insegurança, entre outros, podendo acarretar quadros de pânico e de depressão. Em casos extremos, tais quadros mórbidos podem levar à morte ou ao suicídio.

O médico do trabalho *Moura* (2002) diagnostica os sintomas mais comuns nos casos de assédio moral:

"Os primeiros sintomas são os problemas clínicos devido ao estresse. O funcionário começa a dormir mal, a ter tremores, palpitações, pressão alta, problemas de pele, aumenta ou diminui de peso abruptamente. Uma pessoa que não possui diabetes pode desenvolver a doença, e quem possui pode descompensar o sintoma. Em alguns casos, distúrbios hormonais também são verificados. Nas mulheres, alterações na menstruação. Nos homens, impotência. Depois começa a ser afetada a parte psicológica. A primeira reação é achar que o assediador tem razão [...]. A auto-estima da pessoa começa a entrar em declínio — e não raras vezes o sujeito pensa em suicídio como única maneira de se salvar.

Não se morre diretamente das agressões, mas se perde parte de si a cada momento. Volta-se para casa, a cada noite, exausto, humilhado, deprimido. E é difícil recuperar-se. (grifo nosso)"

As conseqüências danosas da conduta que afeta a dignidade humana corroboram a tese exposta. Nas lições seguintes se revela a pertinência do liame lógico que conforma a tese:

"Afirma-se o princípio da específica proteção da personalidade moral e social do empregado, inclusive no que diz respeito aos condicionamentos determinados pela empresa, evitando o uso indevido do poder diretivo do empregador com alcance sobre o obreiro no local de trabalho ou fora dele. Com tal princípio, proíbem-se ingerências na liberdade de consciência e de vontade, na *intimidade*, nos direitos fundamentais do empregado no trabalho (CAIXETA, 2003, p. 92, grifo nosso)".

É evidente que as conseqüências que irá sofrer o assediado dependem muito de seu perfil psicológico, de sua condição social, do papel que representa e que pode continuar representando no mercado de trabalho, no entanto, haverá sempre um caráter ilegítimo e negativo na prática do assédio, profundamente violador da dignidade humana.

Seres humanos cujas dignidades sejam desprezadas sob qualquer justificativa e, principalmente, em contexto laborativo sob o poder diretivo empresarial, tornam-se empregados desprovidos de motivação, criatividade, capacidade de liderança, espírito de equipe e com poucas chances de se manterem empregáveis e mesmo vivos.

Moura (2002) afirma que todos os quadros apresentados como efeitos à saúde física e mental podem surgir nos trabalhadores vítimas de assédio moral, devendo ser tratados como doenças do trabalho.

O que são as revistas íntimas regulares, senão um modo de praticar o assédio moral? O que é o desrespeito ao sigilo das comunicações, adotado como uma atitude legítima e regular, senão uma forma de violar a dignidade dos trabalhadores pelo ataque a suas intimidades.

Portanto, se o direito à preservação da dignidade humana corresponde a um direito humano fundamental necessário à conservação do ser humano em estado de saúde, em ação prática preponderante de atitudes construtivas decorrentes de seu nível autocrítico necessário a que este tenha a possibilidade de se sentir feliz e capaz de viver plenamente, não há como considerar legítimas as atitudes que os violentem.

3

EVOLUÇÃO DOS DIREITOS HUMANOS

Há consagrado na história da humanidade um roteiro de etapas históricas da afirmação dos direitos humanos, sem prejuízo da visão acima exposta sobre a origem naturalista dessa espécie jurídica.

A compreensão da dignidade suprema da pessoa humana e de seus direitos no curso da história tem como fonte, em grande parte, a dor física e o sofrimento moral que foram impostos a pessoas que se rebelaram contra os sistemas injustos, ou, simplesmente, nasceram diferentes daquelas que detinham o poder.

Ao se depararem com eventos de violência e sacrifícios humanos, diante da infâmia de sua natureza, os homens acabam por se conscientizar da necessidade do estabelecimento de novas regras dirigidas à concessão de dignidade. É isso que caracteriza a afirmação de novos direitos humanos, assim como se tem verificado quanto à repressão das revistas íntimas realizadas regularmente.

Modernamente, o que conduz o sentido desse evolver é, de um lado, as invenções técnico-científicas, e, de outro, a própria afirmação dos direitos humanos. São dois os grandes fatores da solidariedade humana:

• um técnico, pelo qual se estabelece uma padronização global de costumes e modo de vida, de trabalho, de produção, de trocas de bens, de meios de transporte e de comunicações;

• o outro, ético jurídico, em busca do fator maior de justiça suprema através do estabelecimento de uma cidadania mundial em que não haja relações de dominação, individual ou coletiva pelo respeito aos direitos humanos (COMPARATO, 2004, p. 37).

A deflagração da consciência histórica dos direitos humanos se deu a partir da limitação do poder público. A conscientização de que as instituições do governo devem ser utilizadas em prol de todos e não apenas daqueles que o detêm foi o primeiro passo decisivo na admissão da existência de direitos inerentes à condição humana.

Por isso, deve-se admitir que a primeira manifestação histórica dos direitos humanos aconteceu nos séculos XI a X a.C., quando se instituiu sob Davi, o Reino Unificado de Israel, com capital em Jerusalém (*ibid.*, p. 40), que durou 33 anos, instituiu a figura do rei-sacerdote, que não se proclamava Deus, mas delegado do Deus único e responsável pela execução da lei divina. Daí o embrião do Estado de Direito, pois uma unidade em que as leis já não eram criadas casuisticamente para justificar o poder, mas eram cumpridas e estabelecidas por uma entidade superior.

Essa experiência de limitação do poder voltou a se verificar em VI a.C. com a criação das primeiras instituições democráticas, em Atenas, e com a fundação da república romana. Com a extinção do Império Romano do Ocidente, em 453 da era cristã, teve início uma nova civilização construída sob o amálgama de instituições clássicas, valores cristãos e costumes germânicos: era a Idade Média.

Toda a Alta Idade Média foi marcada pela destruição do poder político e econômico com a instauração do feudalismo. A partir do século XI, volta-se a construir a unidade política perdida. O papa e o imperador carilíngeo passaram a disputar a hegemonia do território europeu. Ao mesmo tempo os reis passaram a reivindicar prerrogativas que até então eram somente conferidas à nobreza e ao clero (*ibid.*, p. 44)

Foi do abuso dessa concentração de poder que surgiram as primeiras manifestações de rebeldia. Na Península Ibérica, com a Declaração das Cortes de Leão, de 1188 e, sobretudo na Inglaterra, com a Magna Carta, de 1215.

Foi, portanto, no valor da liberdade que se fundou o embrião dos direitos humanos, não a liberdade geral em benefício de todos, sem distinção de condições sociais, o que só seria declarado no final do século XVIII, mas liberdades específicas em favor dos integrantes dos estamentos superiores da sociedade — clero e nobreza — e algumas concessões em benefício do povo (*ibid.*, pp. 44-5).

Após a dominação árabe sobre o Mediterrâneo, o povo passa a tomar contornos mais definidos com a ascensão social dos comerciantes. Às margens dos castelos medievais os burgos novos se tornam rapidamente os locais de concentração das grandes fortunas mercantis e o centro de irradiação do primeiro capitalismo. Foi aí que se verificou a primeira experiência histórica da sociedade de classes em que a desigualdade já se estabelecia pela diferença patrimonial e não legal.

Nessa época a Europa medieval viveu um período fecundo em invenções tecnológicas que revolucionaram a estrutura produtiva.

Na última fase da Idade Média houve a criação de diversos institutos jurídicos sem os quais não teria havido a expansão do capitalismo e a revolução industrial do século XVIII: a letra de câmbio, as primeiras sociedades mercantis, o contrato de seguro marítimo. Tudo isso exigia um mínimo de segurança o que implicava a necessária limitação do tradicional arbítrio do poder político (*ibid.*, p. 46).

Todo esse cenário fez surgir na Inglaterra o sentimento de liberdade, alimentado pela memória da resistência à tirania. As devastações provocadas pelas guerras civis reafirmaram o valor da harmonia social e estimularam as lembranças das antigas franquias estamentais declaradas na Magna Carta. Generalizou-se a consciência dos perigos representados pelo poder absoluto, tanto na realeza dos Stuart quanto na ditadura republicana do Lord Protector.

As liberdades pessoais que se procurou assegurar pelo *habeas corpus*[1] e pelo *Bill of Rights*[2], do final do século XVII, não beneficiavam todos os súditos de sua majestade, mas apenas o clero e a nobreza. Em sua nova feição acabou por beneficiar a burguesia rica (*ibid.*, p. 47).

A instituição-chave para a limitação do poder monárquico e a garantia das liberdades na sociedade civil foi o parlamento. A partir do *Bill of Rights* britânico, a idéia de um governo representativo, ainda que não de todo o povo, mas ao menos de suas camadas superiores, começa a se firmar como garantia institucional indispensável das liberdades civis (*ibid.*, p. 48):

> "Todos os seres humanos são, pela sua natureza, igualmente livres e independentes, e possuem certos direitos inatos, dos quais, ao entrarem no estado de sociedade, não podem, por nenhum tipo de pacto, privar ou despojar sua posteridade; nomeadamente, a fruição da vida e da liberdade, com os meios de adquirir e possuir a propriedade de bens, bem como de procurar e obter a felicidade e a segurança."

Estes termos que se inseriram no art. I, da Declaração de Direitos do Bom Povo da Virgínia (EUA), em 16.6.76, é o registro de nascimento dos direitos humanos na história e, por seus termos, já se evidencia que o empregado em estado de subordinação não pode ser despido de direitos fundamentais. Seus termos constituem o reconhecimento da vocação de auto-aprimoramento humano. O princípio da busca da felicidade que fun-

---

[1] Existia na Inglaterra há vários séculos (antes da Magna Carta), como mandado judicial (*writ*) em caso de prisão arbitrária, mas sua eficácia era reduzida pela inexistência de regras processuais. A Lei de 1679, com a denominação de "uma lei para melhor garantir a liberdade dos súditos e para a prevenção das prisões no ultramar", veio corrigir esse defeito (COMPARATO, 2004, p. 85).

[2] Promulgado um século antes da Revolução francesa e pôs fim ao regime de monarquia absoluta, permanece até hoje como um dos mais importantes textos constitucionais do reino Unido. (COMPARATO, 2004, pp. 90-91).

damenta também a declaração de independência dos Estados Unidos da América é a razão de ser dos direitos humanos, uma motivação de natureza universal como a própria natureza humana.

"Os homens nascem e permanecem livres e iguais em direitos" — art. 1º, da Declaração Universal dos Direitos do Homem e do Cidadão, 1789, treze anos após aquele reconhecimento, na França, reforça-se o intento natural de liberdade humana por intermédio da Revolução Francesa (*ibid.*, p. 49).

A democracia moderna foi a forma encontrada pela burguesia para extinguir os privilégios do clero e da nobreza e tornar o governo responsável perante a classe burguesa. Não era uma defesa do povo pobre contra os ricos, mas sim a defesa dos ricos contra um regime estamental irresponsável, era um regime de limitação do poder governamental (*ibid.*, p. 50).

Os americanos queriam firmar sua independência colonial, já os franceses pretenderam se desincumbir de uma missão universal de libertação dos povos e, realmente, o espírito da Revolução Francesa foi difundido rapidamente a partir da Europa até regiões distantes, como o subcontinente indiano, a Ásia Menor e a América Latina.

Foi no sentido da mudança pretendida pelos franceses que se verificou a transformação radical na técnica de produção econômica causada pela introdução da máquina a vapor em meados daquele século na Inglaterra, chamada de Revolução Industrial[3].

A lei considerava patrões e empregados absolutamente iguais com inteira liberdade para estipularem as condições dos contratos de trabalho. O resultado foi a pauperização da classe proletária já na primeira metade do século XIX. Isso levou à indignação e a organização da classe trabalhadora. A Constituição francesa de 1848, parafraseando o espírito de certos ditames das Constituições de 1791 e 1793, estabeleceu algumas exigências de ordem econômica e social. Mas a plena afirmação desses novos direitos humanos só veio a ocorrer no século XX, com a Constituição mexicana de 1917 e a Constituição de *Weimar* de 1919 (*ibid.*, pp. 52-3).

A Constituição mexicana de 1917 é considerada por alguns como o marco consagrador da nova concepção dos direito fundamentais. Não há razão para isso, pois a única novidade que essa carta apresenta é o nacionalismo, a reforma agrária e a hostilidade em relação ao poder econômico, e não propriamente o direito ao trabalho, mas um elenco de direitos dos trabalhadores (FERREIRA FILHO, 2004, p. 46)

---

[3] Movimento que revolucionou os métodos de produção instituindo o maquinismo, a indústria têxtil, tear mecânico, no séc. XVIII.

O principal benefício que a humanidade colheu do movimento socialista iniciado na primeira metade do século XIX foi o reconhecimento dos direitos humanos de caráter social e econômico. O titular desses direitos corresponde ao imenso número de componentes dos grupos sociais maltratados pela miséria, doença, fome e marginalização que perceberam que seus flagelos decorriam das características daquele sistema capitalista de produção, cuja lógica corresponde a atribuir aos bens de capital valor muito superior ao das pessoas.

A natureza dos direitos humanos do trabalhador é essencialmente anticapitalista, pois emergiu a partir do momento em que os detentores do capital tiveram de compor com os trabalhadores. Por isso é que as transformações radicais ocorridas na dinâmica produtiva no final do século XX, reduzindo a necessidade de contribuição da força de trabalho e privilegiando o lucro especulativo, enfraqueceu esses direitos em quase todo o mundo (COMPARATO, 2004, pp. 53-4).

Na segunda metade do século XIX teve início a primeira fase de internacionalização dos direitos humanos, que findou após o término da Segunda Grande Guerra Mundial. Essa internacionalização se manifestou basicamente em três setores: no direito humanitário, na luta contra a escravidão e na regulação dos direitos do trabalhador assalariado.

No campo do que se costumou chamar de direito humanitário, em que se compreendem os chamados direitos de guerra, o primeiro documento normativo de caráter internacional foi a Convenção de Genebra de 1864, a partir do qual se fundou em 1880, a Comissão Internacional da Cruz Vermelha. Em suma, visava a minorar o sofrimento dos soldados prisioneiros de guerra, doentes, feridos, bem como das populações civis atingidas por um conflito bélico. A Convenção foi revista, primeiro, em 1907, a fim de que seus princípios fossem estendidos aos conflitos marítimos (Convenção de Haia), a seguir, em 1929, para proteção dos prisioneiros de guerra (Convenção de Genebra) (*ibid.*, p. 54)

Também a luta contra a escravatura foi um setor no qual se manifestou a tendência à internacionalização dos direitos humanos. O ato geral da Conferência de Bruxelas de 1890 estabeleceu as primeiras regras interestaduais de repressão ao tráfico de escravos africanos. Foi seguido em 1926 por uma Convenção celebrada em Genebra (Suíça), na Liga das Nações.

Quando findou a Primeira Guerra Mundial, a situação da Alemanha era, sob qualquer enfoque, gravíssima. Suas instituições políticas estavam destruídas, a situação social ficou muito agravada, as forças de ordem estavam desmoralizadas. A esquerda lutava pelo poder em favor dos operários (FERREIRA FILHO, 2004, p. 48).

Como não havia condições para a reunião da assembléia constituinte ser convocada para Berlim, esta se reuniu em *Weimar*. Elaborou-se uma Constituição para Alemanha cujo ponto mais elevado foi a parte II, que versava sobre os direitos e deveres fundamentais dos alemães. A primeira parte é dedicada ao indivíduo, a segunda à vida social, a terceira à religião e sociedades religiosas, a quarta à instrução e estabelecimentos de ensino, e a quinta à vida econômica. Seu espírito é o social. Valorizou o casamento e a juventude, a obrigatoriedade de educação escolar etc., mas a novidade está na última seção, em que se destaca a sujeição da propriedade à sua função social, com a célebre fórmula: "A propriedade acarreta obrigações". Seu uso deve visar ao interesse geral, à repartição de terras (reforma agrária), à socialização de empresas, à proteção ao trabalho, ao direito de sindicalização, à previdência social, à co-gestão de empresas. Estava, em seu advento, um novo modelo que seria imitado nas Constituições pelo mundo afora, inclusive na brasileira de 1934 (*ibid.*, pp. 48-9).

Em 1919, verificou-se um marco definitivo na proteção dos direitos humanos dos trabalhadores assalariados, a criação da Organização Internacional do Trabalho, OIT. Com isso, a regulamentação dos direitos dos trabalhadores passou a merecer também um tratamento internacional e regulação entre os Estados (COMPARATO, 2004, p. 54).

Até o início da Segunda Guerra, a OIT tinha aprovado 67 Convenções internacionais, das quais apenas três não contaram com nenhuma ratificação. Vale referenciar a:

• Convenção n. 11/21, sobre o direito de associação e de coalizão dos trabalhadores agrícolas (113 ratificações);

• Convenção n. 14/21, sobre o descanso semanal nas empresas industriais (112 ratificações);

• Convenção n. 19/25, sobre igualdade de tratamento entre trabalhadores estrangeiros e nacionais em matéria de indenização por acidente de trabalho (113 ratificações);

• Convenção n. 26/28, sobre métodos para fixação de salário mínimo (101 ratificações); e a

• Convenção n. 29/30, sobre trabalho forçado ou obrigatório (134 ratificações) (*ibid.*, p. 54-5).

Ao emergir da 2ª Guerra Mundial, após três lustros de massacres e atrocidades de toda sorte iniciados com o fortalecimento do totalitarismo estatal nos anos 30, a humanidade se conscientizou do valor supremo da dignidade humana. Isso foi decisivo para afirmação dos direitos humanos.

A Declaração Universal aprovada pela Assembléia Geral das Nações Unidas, em 10.12.48, e a Convenção Internacional sobre a prevenção e punição do crime de genocídio, aprovada um dia antes no quadro da Organização das Nações Unidas, ONU, constituem os marcos inaugurais da nova fase histórica, que se encontra em pleno desenvolvimento. O que a caracteriza é o aprofundamento e a definitiva internacionalização dos direitos humanos. Meio século após o fim da 2ª Guerra Mundial, vinte e uma Convenções internacionais, exclusivamente dedicadas à matéria no âmbito da ONU ou das organizações regionais, foram instituídas. Entre 1945 e 1998 outras 114 Convenções foram aprovadas no âmbito da OIT (*ibid.*, pp. 55-6).

Não apenas os direitos individuais de natureza civil e política ou os direitos de conteúdo econômico e social foram assentados no plano internacional. Afirmou-se também a existência de novas espécies de direitos humanos: direitos dos povos e direitos da humanidade.

Dois Pactos Internacionais celebrados no quadro das Nações Unidas, em 1966, integraram o conjunto dos direitos civis e políticos, bem como os direitos econômicos, sociais e culturais. Em 1981, na Carta Africana dos Direitos Humanos e dos Povos, reconheceu-se que todos os povos devem ser tratados com igual respeito, tendo direito à autodeterminação, à livre disposição de sua riqueza e de seus recursos naturais, ao desenvolvimento econômico, social e cultural, bem como à paz e à segurança. Chegou-se enfim, ao reconhecimento de que à humanidade, como um todo solidário, devem ser reconhecidos vários direitos, tais como, a preservação de sítios e monumentos considerados parte integrante do patrimônio mundial, a comunhão nas riquezas minerais do subsolo marinho e a preservação do equilíbrio ecológico do planeta.

Há dois caminhos a seguir:

• a humanidade cede à pressão econômica e ao poderio militar proporcionando uma coesão técnica entre os diferentes povos;

• constrói a civilização da cidadania mundial, com respeito integral dos direitos humanos, consoante os princípios da solidariedade ética. (*ibid.*, p. 56-7)

4

CARACTERÍSTICAS DOS DIREITOS HUMANOS

Os direitos humanos constituem a categoria jurídica dirigida para a finalidade de proteger a dignidade humana em todas as suas dimensões. Por isso, como é natural no ser humano, detém natureza polifacética. O que os situa em uma categoria jurídica comum são suas qualidades idênticas cujos traços os distinguem das demais classes de direitos. Segundo Araújo e Nunes (2004) as características dos direitos humanos podem ser classificadas em:

4.1 HISTORICIDADE

Há uma cadeia evolutiva que, sobre o pico, situam-se os direitos humanos, ou seja, detém caráter histórico. Nasceram com o Cristianismo, cuja doutrina elevava o homem à condição de semelhança com Deus. A igualdade era seu valor fundamental. Por isso o ser humano, genericamente considerado, ganhou *status* de dignidade mais elevado do que jamais havia conseguido.

Após tais conquistas, a questão dos direitos humanos somente veio a recobrar importância com as proclamações das declarações de direitos humanos. As mais importantes foram:

- Magna Carta, de 1215;
- Declaração do Bom Povo da Virgínia, de 1776;
- Declaração de Direitos do Homem e do Cidadão, de 1789, além da
- Declaração Universal de Direitos do Homem e do Cidadão das Nações Unidas em decorrência dos fatos da Segunda Guerra Mundial, em 1948.

A característica da historicidade é infinita no sentido de que jamais a humanidade terminará de reconhecer direitos com características marcantes de humanos. A cada momento o homem desperta para a existência de uma nova espécie de direito fundamental, como se verificou com o meio ambiente e assim será enquanto houver uma história humana a construir (ARAÚJO e NUNES, 2004, p. 95).

4.2 UNIVERSALIDADE

Todos os seres humanos são dotados de direitos humanos, a despeito de sua natureza histórica, conforme acima explicado, são inerentes aos indivíduos pelo simples fato de serem dessa espécie animal. A natural busca de sua preservação corresponde a um intento de todo e qualquer ser humano. Não há como conceber conceito de direitos fundamentais ligados a uma classe ou estamento específico da sociedade ou categoria de pessoas.

A própria idéia de direito fundamental um forte sentido de acúmulo histórico de direitos relativos à dignidade humana em seu conteúdo, pois constituíram um cenário de evolução impulsionado a partir dos movimentos humanistas que caracterizaram a história da humanidade e que foi acima, esquematicamente, mencionada.

É inconcebível traduzir uma contradição no sentido teleológico da classe jurídica, se em seu conceito for imputada qualquer idéia segregacionista.

4.3 LIMITABILIDADE

À medida que integram a essência da vida das pessoas, os direitos humanos não são absolutos a ponto de impedir que dois ou mais direitos da mesma natureza entrem em choque e que um invada o âmbito de proteção que o outro conforma.

Observa-se isso quando o direito de informação vem a colidir com o direito à intimidade, ou quando o direito à honra se choca com o direito à livre manifestação do pensamento. A solução que se apresenta em tais hipóteses está na atividade de um regime conhecido como de cedência recíproca.

Há circunstâncias em que o próprio legislador constituinte, antevendo as hipóteses de colisão, regulamenta-as, harmonizando-as. Aconteceu na Constituição do Brasil, com os direitos de propriedade e o instituto da desapropriação, por exemplo. Suas incompatibilidades foram superadas pelo direito de indenização.

Há situações, entretanto, em que não houve solução preconizada no texto legal, são hipóteses que emergem do exercício real e concreto de dois direitos, por titulares distintos, que encontram antagonismos em seus exercícios, como no caso citado de eventual conflito entre o direito de informação jornalística e a proteção da privacidade da pessoa objeto da informação.

A limitabilidade dos direitos fundamentais deve ser entendida como meio de impedir que a pujança de seu caráter possa conduzir ao seu exercício abusivo. Deve haver equacionamento de direitos em mesmo nível legal.

Somente diante dos casos concretos é que se vai poder efetivar o exercício correto da cedência de direitos como manifestação da justiça social. Não há uma regra que possa ser seguida em todos os casos, mas o que deve guiar o aplicador do direito deve ser o princípio da dignidade humana.

Assim deve prevalecer a gama jurídica de ambos os direitos em conflito à medida que cada um aponte para a consecução da dignidade da pessoa humana (ARAÚJO e NUNES, 2004, pp. 95-6).

Essa é uma característica fundamental para que ocorra justiça nas relações sociais, mormente naquelas que se verificam sob subordinação. A pujança dos direitos humanos e fundamentais dá a impressão de que seus efeitos são ilimitados. Não se pode admitir que o direito seja utilizado para legitimar abusos, eles têm limites que encontram barreiras no ponto em que vigora o direito do próximo, inclusive os de natureza fundamental.

É isso que restringe o direito de propriedade do empregador ao desempenhar sua função direcional do empreendimento. No âmbito da relação subordinada, a expressão do poder empregatício deve respeitar os limites impostos pelos direitos dos empregados, assim como estes têm de respeitar os limites dos direitos e deveres dos empregadores impostos pela situação jurídica laborativa. No que se refere ao direito à intimidade, é evidente que o empregado, sob o pretexto de salvaguardá-lo, não poderá patrocinar abusos contra os direitos do empregador. O empregado não pode ser destituído de seu direito de ter a intimidade preservada, mas também dele não pode se valer para praticar furtos ou utilizar os equipamentos eletrônicos da empresa para desviar o objeto da prestação de emprego.

4.4 CONCORRÊNCIA

Corresponde à possibilidade de acumulação de mais de um direito fundamental. Exemplo clássico disso se encontra na oportunidade de um jornalista, âncora de um jornal falado, que, após transmitir a informação, faz uma só crítica: ao mesmo tempo exerceu o direito de informação, opinião e comunicação.

Um titular pode acumular uma série de direitos fundamentais ao mesmo tempo, o que proporciona que uma mesma situação seja regulada por mais de um preceito constitucional (ARAÚJO e NUNES, 2004, pp. 96-7).

Essa característica sustenta a discussão entre a possibilidade de o empregador, em nome de seu direito de propriedade, violar a intimidade do empregado, por exemplo, por meio de revistas íntimas. Nesse caso ocorrem dois direitos tidos como fundamentais no mesmo fato.

A concorrência ou a colisão de direitos fundamentais não pode acarretar o sacrifício definitivo de qualquer pessoa. O fenômeno deve ser resolvido pelo critério da proporcionalidade, procurando-se sempre conferir o máximo de aplicação com o mínimo de prejuízo dos direitos em choque. Caberá, dessa maneira, à observação do caso concreto para que se possa evidenciar em que sentido se realizará a cedência recíproca de tais direitos, em qual deles e em que medida prevalecerá.

Percebe-se que o direito de intimidade detém natureza personalíssima, o que lhe atribui uma gama de valorização superior diante das necessidades humanas e que somente em casos excepcionais, poderá sofrer restrições.

4.5 IRRENUNCIABILIDADE

Não é concebido, a quem quer que seja e sob qualquer pretexto, renunciar a um direito fundamental, pois estes constituem um núcleo imperativo de atributos próprios e inerentes à condição humana, sem os quais não há como se verificar vida digna.

Isso não significa que, circunstancialmente, eles possam deixar de ser exercidos, como, por exemplo, quando acontece o direito de utilização da própria imagem. Um modelo pode permitir a utilização de sua imagem em campanha publicitária, porém não por tempo indeterminado. Entretanto, jamais pode renunciar ao direito a sua imagem, a manifestação neste sentido será nula.

Assim, ninguém poderá dispor de seu direito de intimidade, por exemplo, mesmo que haja manifestação nesse sentido, esta será sempre nula e as conseqüências dela derivadas inexigíveis do pretenso titular. Daí a impossibilidade de, mesmo em estado de subordinação e considerando a concorrência dos direitos fundamentais, não se pode admitir violações de direitos humanos, especialmente, os de natureza personalíssima em proveito de outro direito, como o de propriedade (ARAÚJO e NUNES, 2004, p. 97).

5

DAS GERAÇÕES

Classicamente, a doutrina, em regra, oferece-nos uma classificação de direitos fundamentais de primeira, segunda e terceira gerações, há, entretanto, autores que já enxergam mais de quatro gerações de direitos fundamentais, todas baseadas na ordem histórico-cronológica, que passaram a ser constitucionalmente reconhecidas e incorporadas normativamente.

Enquanto os direitos de primeira geração (direitos civis e políticos), que compreendem as liberdades clássicas, negativas ou formais, realçam o princípio da liberdade e os direitos de segunda geração (direitos econômicos, sociais e culturais) se identificam com as liberdades positivas, reais ou concretas, acentuam o princípio da igualdade, os direitos de terceira geração, de sua sorte, materializam poderes de titularidade coletiva atribuídos genericamente a todas as formações sociais. Consagram o princípio da solidariedade e constituem momento importante no processo de desenvolvimento, expansão e reconhecimento dos direitos humanos, caracterizados enquanto valores fundamentais indisponíveis, pela nota de uma essencial inexauribilidade.

5.1 PRIMEIRA GERAÇÃO

Os direitos fundamentais de primeira geração são os direitos e garantias civis ou individuais e políticos clássicos (liberdades públicas), surgidos, institucionalmente, a partir da Magna Carta, vinculados à liberdade, igualdade, propriedade, segurança e resistência às diversas formas de opressão.

São tidos como os direitos de liberdade, inerentes à individualidade, bem como, atributos naturais, inalienáveis e imprescritíveis, que por serem de defesa e estabelecidos contra o estado, têm especificidades de direitos negativos.

Foram os primeiros a figurar no bojo de um texto constitucional. Trata-se dos chamados direitos civis e políticos cujos titulares são os indivíduos. Visam à proteção dos indivíduos contra os poderes públicos. Com a inserção desses direitos no texto constitucional houve uma valoração do homem diante do Estado.

Os direitos de liberdade recebem o nome de primeira geração ou dimensão porque se constituem na primeira reação positiva dos indivíduos contra o absolutismo estatal, foram, enfim, os primeiros a serem exigidos do Estado. São direitos de defesa e o seu exercício garante ao indivíduo a não intromissão do Poder Público na esfera íntima de cada indivíduo.

Por seu sentido teleológico, há o reconhecimento jurídico de uma atitude negativa do Estado de não interferir nas relações individuais, por isso são reconhecidos como direitos negativos. Os direitos fundamentais de primeira geração são direitos de defesa e obrigam o estado a um dever de abstenção, a observância de uma obrigação de não fazer, de inércia. O Estado, em vez de agir, deve afastar-se das relações individuais e abster-se de interferir nas liberdades públicas.

Conforme se pode observar no capítulo que trata da evolução dos direitos humanos e fundamentais acima, a emergência dessa dimensão de direitos decorre da cultura do racionalismo iluminista, do livre contratualismo societário, do liberalismo individualista e do capitalismo concorrencial (WOLKMER, 2004, pp. 5-6).

É um período que se caracteriza pela consolidação da hegemonia da classe burguesa em contraposição aos privilégios do clero e dos monarcas, que alcançavam o poder pela Revolução Americana (1776) e Francesa (1789).

Nessa época surgiu o movimento constitucionalista político que moldou o constitucionalismo clássico que sintetiza as teses do Estado democrático de Direito, da teoria da tripartição dos poderes, do princípio da soberania popular e da doutrina da universalidade dos direitos e garantias fundamentais (*ibid.*, pp. 5-6).

Os direitos de primeira geração exigem que o Estado se omita de praticar determinados atos. Impõe-se, aqui, a inércia estatal para preservação de uma esfera de atuação individual que não pode ser atingida pela conduta do estado. Fazem parte desses direitos, dentre outros, a liberdade de ir, vir e permanecer, a inviolabilidade do domicílio e a liberdade de profissão ou de associação.

Porém, com o passar do tempo e com a experiência de vida construída sob tais ditames, percebeu-se que a inação do Poder Público não era suficiente para garantir o bem estar das pessoas, havia necessidade de que o estado fornecesse prestações positivas.

A essência de solidariedade que caracteriza a personalidade de todos os seres humanos, começava a lançar marcos de sua manifestação.

Percebeu-se que os mais capacitados e ricos, no uso da liberdade plena que lhes assegurava o estado juridicamente organizado, passaram a dominar de modo exploratório aqueles que se subordinavam ao seu concurso e, por isso, surgiram os direitos de segunda geração, aqueles em que o Estado tem a obrigação de suprir as necessidades de sua comunidade em atitude positiva.

5.2 SEGUNDA GERAÇÃO

Os direitos de segunda dimensão ou geração se referem a algumas necessidades básicas humanas diante do contexto social. São direitos de natureza social propriamente dita, econômica e cultural, surgidos no início do século XX.

A crise econômica e social do final do século XIX, relacionada à industrialização, ao crescimento demográfico e ao agravamento da disparidade entre as pessoas gerou novas reivindicações fundamentadas em teorias de perfil socialista e por elas estimuladas, tendo sido necessária a intervenção do Estado para suprir as necessidades das pessoas, nascendo assim os direitos de segunda geração.

Os direitos dessa geração dominaram o século XX, assim como os de primeira dominaram o século XIX. Trata-se de direitos sociais, econômicos, culturais e coletivos, que foram introduzidos no constitucionalismo sob várias formas de Estado Social e referem-se à igualdade de todos.

Apesar da conquista das liberdades públicas, estas não eram suficientes, pois não bastou assegurar, por exemplo, a liberdade de iniciativa privada se os cidadãos não tinham sequer condições mínimas nem mesmo de se manterem vivos por seus próprios recursos. Assim, emergiu a necessidade de lhes assegurar outros direitos, desta vez de natureza positiva, exigindo do estado um fazer, denominados de direitos de segunda geração.

Eram direitos de crédito do indivíduo para com a coletividade, tais como, o direito ao trabalho, refletido atualmente em nosso ordenamento como um princípio da atividade econômica — o da busca do pleno emprego — (BRASIL. *Constituição*, art. 170, VIII) à saúde, à educação. Todos têm como sujeito passivo o Estado já que foi a própria coletividade que assumiu a responsabilidade de garanti-los. O titular desses direitos, entretanto continua, como no caso dos de primeira geração, sendo o indivíduo (WOLKMER, 2004, pp. 6-7).

Também como se pôde inferir no capítulo relativo à evolução histórica dos direitos humanos e fundamentais, em sua emergência estão presentes os efeitos do processo de industrialização e os graves impasses socioeconômicos que devastaram a sociedade ocidental entre a segunda metade do século XIX e as primeiras décadas do século XX.

O capitalismo concorrencial evoluiu para o circuito da dinâmica financeira e monopolista. A crise do estado liberal sobre o individualismo propiciou o nascimento do Estado do Bem-Estar Social, cujos preceitos passaram a governar as relações entre o capital e o trabalho. Foi um período caracterizado por uma grande evolução do direito trabalhista.

Foi nesse período que se sucederam a evolução das correntes socialistas, anarquistas e reformistas, tão importantes para o desenvolvimento social como a posição da Igreja Católica, com sua doutrina social da Encíclica *Rerum Novarum*, de Leão XIII[1] (1891); os efeitos políticos da Revolução Mexicana (1911) e Russa (1917), os impactos econômicos do Keynesianismo[2], e o intervencionismo estatal do New Deal. Cria-se a OIT, 1919. O movimento sindical ganha força internacional, a socialização alcança a política e o Direito (nascem o direito do trabalho e o direito sindical).

Encontram-se na Constituição Mexicana de 1917, na Constituição de Weimar de 1919, na Constituição Espanhola de 1931, e no Texto Constitucional do Brasil de 1934, as principais fontes institucionalizadas dessa espécie de direitos (WOLKMER, 2004, p.7).

Por ser um direito que exige do Estado prestação material positiva, sua aplicação, no início, mostrou-se efetivamente incipiente e com eficácia duvidosa. Com a evolução social, sua execução foi mais efetiva, principalmente, por que as recentes Constituições, inclusive a brasileira, formularam o preceito da aplicabilidade imediata dos direitos fundamentais (BRASIL. Constituição, art. 5º, p. 1).

Os direitos de segunda geração seguiram o norte dos de primeira, no sentido da obrigatoriedade de seu cumprimento pelo Estado, sob pena de haver imposição judicial do cumprimento. Até então, na maioria dos ordenamentos jurídicos, prevalecia a idéia de que os direitos fundamentais de segunda geração não eram auto-aplicáveis e, por isso, exigiam a intervenção do legislador ordinário, o que não condiz nem com a natureza da espécie, nem com a nossa realidade atual, pois há determinação expressa de aplicabilidade direta.

Os direitos fundamentais de segunda geração tratam de direitos a prestações e impõem ao Estado o dever de agir, quer seja para proteção

---

(1) Expressão que significa contra todos, direito que se opõe a todos, binômio das relações obrigacionais.

(2) Immanuel Kant; René Descartes e Martinho Lutero desenvolveram teorias clássicas, como o criticismo e racionalismo de Kant, o método de Descartes e o protestantismo de Lutero.

dos bens jurídicos protegidos pelos direitos fundamentais contra a atividade (excepcionalmente, a omissão) de terceiros, quer seja para promover ou garantir as condições materiais ou jurídicas de gozo efetivo desses bens jurídicos fundamentais.

O Estado está obrigado a suprir as necessidades vitais do homem, para que ele possa viver com o mínimo de dignidade humana. Deve realizar atividade com o propósito de garantir o exercício de tais direitos, e isto é feito por meio da prestação de serviços. Os referidos direitos são: a educação, a seguridade social, a proteção à saúde, a habitação etc.

5.3 TERCEIRA GERAÇÃO

Há autores que entendem que são apenas três as gerações de direitos, mas há os que vêem a existência de até cinco gerações, assim, tentaremos aludir ao máximo às gerações mencionadas, apesar de, na divisão dos direitos por gerações, não haver uma repartição estanque entre os que estão em cada dimensão. Os direitos que as caracterizam interpenetram-se com os das demais, informando o conteúdo de todos eles.

Modernamente, protege-se, constitucionalmente, como direitos de terceira geração, os chamados direitos de solidariedade ou fraternidade. São direitos metaindividuais, direitos coletivos e difusos. O que caracteriza a espécie desses novos direitos é o fato de que seu titular não é mais, como nos casos dos de primeira e segunda geração, o indivíduo, mas a coletividade (categorias de grupos ou pessoas ou a coletividade de impossível determinação).

Não regulam tampouco relações entre indivíduos e o Estado, mas tutelam bens de natureza indivisível, cujos interessados são indeterminados. Englobam o direito a um meio ambiente equilibrado, a uma saudável qualidade de vida, ao progresso, à paz, à autodeterminação dos povos e a outros direitos difusos, que são grupos de pessoas cujos vínculos jurídicos ou fáticos não são muito precisos (WOLKMER, 2004, pp. 7-8).

Os novos direitos transindividuais, relacionados com a proteção do meio ambiente e do consumidor, começaram a ganhar maior impulso no período pós Segunda Guerra Mundial. A explosão das bombas atômicas em Hiroshima e Nagasaki, a mutilação e o extermínio de milhares de vidas humanas, a destruição ambiental e os danos causados à natureza pelo desenvolvimento tecnológico desencadearam a criação de instrumentos normativos no âmbito internacional. Assim também aconteceu nas décadas de 70 e 80 nos Estados Unidos da América quanto aos direitos do consumidor (*ibid.*, pp. 7-8).

Diversas transformações sociais verificadas nas últimas décadas, a amplitude dos sujeitos coletivos, as novas formas e de específica subjetividade e diversidade na maneira de ser em sociedade, têm projetado e intensificado outros direitos que podem ser inseridos na classificação de terceira geração, tais como:

- direitos de gênero (dignidade da mulher, subjetividade feminina);
- direitos da criança;
- direitos do idoso (terceira idade);
- direitos dos deficientes físicos e mentais;
- direitos das minorias (étnicas, religiosas, sexuais); e
- novos direitos da personalidade (à intimidade, à honra, à imagem), estes sob novo perfil diante da modernidade tecnológica (*ibid.*, p. 9).

A evolução dos direitos fundamentais revela a atualidade da afirmação de que histórica e eternamente, em diferentes momentos históricos, verifica-se o aparecimento de direitos. Não como uma sucessão de espécies, umas substituindo outras, mas o acréscimo de direitos com as novas exigências das pessoas. Há uma interpenetração e exige-se harmonia entre eles. Apesar de os direitos fundamentais de certa época receberem as ingerências dos novos, somente poderão ser entendidos se conjugados com aqueles que fizeram parte do ordenamento jurídico e com o entendimento de seus significados, segundo a exigência histórica de sua afirmação.

5.4 QUARTA GERAÇÃO

Recentemente, alguns doutrinadores pátrios inseriram mais uma espécie na classificação dos direitos fundamentais. Trata-se dos de quarta geração.

São direitos relativos à biotecnia, à bioética e à regulação da engenharia genética. Têm vinculação direta com aspectos materiais da vida humana, e com sua reprodução assistida (inseminação artificial), aborto, eutanásia, cirurgias intra-uterinas, transplantes de órgãos, engenharia genética (clonagem), contracepção e outros.

A natureza complexa e interdisciplinar desses direitos vem exigindo atenção de várias áreas científicas. Emergiram no final do século XX e projetam grandes e desafiadoras discussões no novo milênio; isso justifica a dificuldade de regulação desses novos direitos. Daí a prioridade de se definirem contornos de regulamentação a fim de acomodar a vida humana em bem-estar e não sob ameaça. A preocupação generalizada por toda a humanidade reforça a necessidade de uma regulamentação internacional dos direitos humanos.

O progresso da ciência médica e a revolução tecnológica no campo da saúde humana geraram preocupação sobre a regulamentação ética das relações que envolvem a biologia, medicina e a vida humana como um todo, daí o surgimento da reflexão bioética.

A bioética ganha importância por se revelar instrumental interdisciplinar, visa à pesquisa na área da saúde e aos meios para gerenciar de forma responsável a vida humana em geral (WOLKMER, 2004, pp. 10-12).

5.5 QUINTA GERAÇÃO

Há ainda o direito de quinta geração ou dimensão. Classificam-se, dessa forma, os direitos advindos das tecnologias de informação (*Internet*), do ciberespaço e da realidade virtual, em geral.

A passagem do século XX para o século XXI reflete uma mudança de paradigma da sociedade industrial (Toyotismo) para a sociedade virtual (Gatismo). A influência desse fenômeno no campo do direito, sobre a sociedade e sobre os bens culturais do potencial massificador do espaço digital, é extraordinária.

Frente à contínua e progressiva evolução da tecnologia de informação, torna-se essencial uma articulação de normatividade que venha regular, proteger e controlar os provedores e os usuários dos meios de comunicação eletrônica de massa. O debate sobre a informatização do universo jurídico divide os internautas.

Este universo em expansão, que se caracteriza pela presença de redes de computadores e meios de transmissão, exige o surgimento de novos direitos ou modos modernos de proteger antigos direitos como o de intimidade. Um sem número de condutas nocivas à sociedade está se locomovendo solta e sem controle por meio do suporte digital. São a afetação ao direito de privacidade, incitação de crimes, uso de drogas, racismo, abuso e exploração de menores, pirataria, roubo de direitos autorais, ameaça e calúnia de pessoas e diversos outros crimes que se verificam sem que haja uma forma eficaz de se localizar os responsáveis.

As fontes legislativas acerca da tutela desses novos direitos são escassas, destacando-se apenas diversos projetos de lei tramitando no Congresso Nacional, certamente aguardando a conscientização e a compreensão da feição da era atual pelos legisladores que têm se mostrado mais preocupados em carregar nas pastas valores enormes em dinheiro, pois a tecnologia permite que em tempo real se identifiquem as movimentações fraudulentas efetivadas por meio das contas bancárias (WOLKMER, 2004, pp. 12-13).

A compreensão do cenário econômico mundial é o mais importante dado para que se perceba com precisão a importância fundamental do reconhecimento da vigência dos direitos humanos e de sua inalienabilidade. Primeiro, pela tendência à desregulamentação da legislação protecionista laboral e isso tem acontecido da seguinte forma: as idéias neoliberais dominaram a comunidade econômica internacional apontando no sentido da estabilização das economias internas das nações emergentes, cujas propostas básicas são a abertura dos mercados internos dos Estados, estrita disciplina fiscal interna com corte de gastos, privatizações, desregulamentação do mercado, reforma tributária e flexibilização das relações de trabalho.

O fenômeno da globalização ao deslocar o âmbito da concorrência empresarial para o espectro internacional, obriga as empresas a buscar redução de seus custos. Obviamente, por isso, acontece uma diminuição dos postos de trabalho, automação e pressões para desregulamentação do trabalho e conseqüente perda de garantias básicas dos trabalhadores.

Segundo relatórios das Nações Unidas, em 1962, antes do aparecimento do neoliberalismo e da aceleração do processo de globalização, os 20% mais ricos tinham recursos 30 vezes superiores aos 20% mais pobres. Em 1994 a diferença salta para 60 vezes, em 1997, para 74 vezes.

A crueldade social do estado neoliberal é ainda pior do que a do estado liberal, pois naquela época havia a necessidade de mão-de-obra, hoje a automação torna o trabalhador desatualizado, simplesmente descartável.

A globalização vem esfacelando o estado social, subtraindo-lhe o poder de subordinar soberanamente os fatores econômicos e sociais que condicionam a vida de cada comunidade política. Cada vez mais se identifica a presença de fatores externos ao estado, influentes, na economia, sobre os quais o estado não tem nenhum poder (SARMENTO, 2004, p. 46).

No modelo toyotista a produção se desenvolve por diversas empresas diferentes, situadas em diversos estados diante das facilidades pontuais de cada um. Cresce a terceirização e isso reduz os direitos dos trabalhadores e se agrava pela volatilidade do capital financeiro. Assim, os estados se tornam reféns do capital estrangeiro pela necessidade de seus investimentos, pois, se não atenderem as suas exigências, são abandonados em detrimento dos que àquelas exigências se submetam. É a chamada *lex mercatória* (lei do mercado).

A independência da produção legislativa pelo Estado cada vez mais inexiste e seus fundamentos se baseiam nos interesses de agentes privados e entidades supranacionais poderosas (*ibid.*, p. 47).

A derrocada do comunismo é dado histórico que impulsionou o capitalismo no sentido neoliberal que constituiria, para alguns, o fim da história. Em verdade, o aprofundamento das desigualdades e exclusões sociais são características próprias do capitalismo.

O estado social que substituiu o estado liberal, diante da impossibilidade de suportar o custo social, foi obrigado a se reduzir. O empobrecimento que se verificou diante da globalização da economia reduziu a proteção dos cidadãos frente a suas necessidades sociais. Fala-se hoje, com propriedade, em estado pós-social, em que o Estado ocupa posição mínima, apenas regulador da atividade econômica. Neste contexto é que se verifica a importância do reconhecimento da vigência dos direitos humanos (*ibid.*, p. 52).

Mais uma vez se está diante do conflito que caracteriza, no curso da história, a afirmação dos direitos humanos — a necessidade de proteção da dignidade humana face às conseqüências da moderna tecnologia.

Apesar de todas essas mudanças, no Brasil o Estado continua sendo interventor, ocupado com a justiça social que não despreza o mercado, mas também não o enaltece com fervor, desenha-se um novo modelo em substituição ao neoliberal, o pós-social (*ibid.*, p. 51).

Uma das características desse novo modelo é a transferência para as partes envolvidas nos episódios sociais da responsabilidade de traçar as normas de conduta e o retraimento do estado como órgão regulamentador da economia. Tem-se, como outrora, que apenas alguns sejam privilegiados com a nova ordem e que a maioria da coletividade seja esquecida. Por tudo isso é que se torna evidente que se intensifique a vinculação do particular aos direitos fundamentais (*ibid.*, p. 53).

No Brasil, essa redefinição do papel estatal, com sua diminuição, foi realizada por meio de reformas estatais preconizadas pelas Emendas Constitucionais ns. 5, 6, 7, 8 e 9 (flexibilização de monopólios estatais sobre o gás canalizado e telecomunicações e o petróleo) (*ibid.*, p. 50). Também a Emenda Constitucional n. 19, que pretendeu alterar a estrutura e filosofia da administração pública e reduzir seus gastos. Teve como escopo estatuir uma administração gerencial, eficiente, flexível e preocupada com resultados.

O quadro atual é este, mas as mudanças se processam, cada vez mais, em velocidade alta. A preservação da vida humana no ápice de importância requer rápida adaptação paradigmática do conceito de soberania, somente com a efetiva vigência dos direitos humanos como máximo valor terreno, independentemente do lugar que seja albergue, vai-se alcançar a proteção da dignidade humana (*ibid.*, pp. 46-7).

5.6 GERAÇÕES SEGUNDO BRITO FILHO

A doutrina avançou e, modernamente, segundo *Brito Filho* (2004b, pp. 30-31), classifica os direitos humanos a partir do interesse protegido e prefere usar ao em vez de geração, a expressão dimensão, que subtrai a idéia de superação de uma geração por outra.

Assim, a primeira dimensão é a que se liga aos direitos individuais; a segunda relaciona-se aos interesses da coletividade e dos grupos, aos direitos coletivos em sentido mais restrito conforme consta do artigo 81, parágrafo único, da Lei n. 8.078/90 (BRASIL, 1990); e a terceira refere-se aos chamados interesses difusos e algumas vezes aos interesses públicos primários.

Bem mais consentânea com a realidade histórica esta nova classificação não colide com a aparição constante do surgimento de novos direitos humanos e conforme suas características, poderão ser incluídos em alguma das dimensões.

PARTE II

A Intimidade e sua Tutela Jurídica

A intimidade efetivamente caracteriza a natureza humana, manifesta-se de modo extremamente silencioso e constante, seja na sensação decorrente das necessidades físicas, seja, simplesmente, no pensar. A forma silenciosa do exercício de pensar é a prova mais clara de que é uma característica congênita do homem, pois, se assim não o fosse, o pensar poderia ser sonoro.

É, acima de tudo, manifestação da liberdade. Significa manter a salvo as informações, os pensamentos ou atos da vida pessoal que se queiram manter em sigilo.

Toda a carga de legitimidade dos direitos humanos que anima sua formação histórica visto na primeira parte deste escrito é fundamento para a inafastabilidade de sua vigência nas relações de trabalho.

Foi do aperfeiçoamento dos direitos que se passou a pugnar pela liberdade e igualdade reais, ambas decorrem da ausência de liberdade plena inferida pela primeira geração de direitos humanos, o que, conseqüentemente, necessitava do aperfeiçoamento obtido com o advento da segunda geração, resultado da imposição de um bem que serviu de elemento contendor da liberdade alheia.

Costuma-se confundir os sentidos das expressões privacidade e intimidade. É certo que ambas são decorrentes da liberdade, entretanto, em níveis diversos, iniciaremos por verificar o significado da expressão privacidade em cotejo com o conceito de intimidade.

Floriano Barbosa Junior

1

TEORIAS: CONCEITOS E EVOLUÇÃO

A personalidade é um atributo distintivo do ser humano. A palavra tem origem etimológica no termo latino *persona* que designava a máscara que os atores usavam durante a encenação de peças teatrais. Daí o sentido jurídico de elemento caracterizador da maneira de ser de uma pessoa (SIMÓN, 2000, p. 60).

Sob o aspecto jurídico, diz-se que a personalidade é elemento estável e permanente do comportamento das pessoas e são as características constantes do modo de agir que as distinguem.

Existe um conjunto de direitos que se destina a dar efeito prático à personalidade, sem os quais a pessoa não existiria: são os chamados direitos da personalidade. Os jusnaturalistas os entendem como direitos inerentes à pessoa humana, inatos, direitos supremos de homens, próprios de sua natureza (*ibid*, p. 61). Portanto, os direitos de personalidade são comuns de existência, são permissões dadas à ordem jurídica, a cada pessoa, para que possa defender um bem que a natureza lhe deu de modo primordial e direto (DINIZ, 2003, p. 119).

Já os positivistas os entendem como aqueles que dão consistência e concretização à pessoa compondo o mínimo necessário de sua estrutura (SIMÓN, 2000, p. 61). Todos os direitos de personalidade exigem comportamento negativo dos outros. São absolutos ou de exclusão, por serem oponíveis *erga omnes*[1], extrapatrimoniais, ou seja, insuscetíveis de aferição econômicas, intransmissíveis, já que não podem ser transferidos à esfera jurídica de outrem, são, em regra, indisponíveis, irrenunciáveis, impenhoráveis, imprescritíveis, ilimitados (DINIZ, 2003, p. 120-1).

Independentemente da corrente que se adote, deve-se ter como foco de direção o escopo da teoria dos direitos de personalidade que é o de resguardar a dignidade da pessoa humana (SIMÓN, 2000, p. 63).

---

(1) Expressão que significa contra todos, direito que se opõe a todos, binômio das relações obrigacionais.

O direito à intimidade é um dos direitos de personalidade. O Código Civil Brasileiro estabelece, no art. 21, inciso V, art. 5º, que a vida privada das pessoas é inviolável, além da previsão constitucional.

Em português os termos privacidade e intimidade são designados como sinônimos (HOLANDA, 1986, p. 1.394).

A Constituição Federal (BRASIL, 2005) faz diferença entre o direito à privacidade e à intimidade, entretanto, sem definir os termos. Para a maioria dos doutrinadores, a intimidade inclui-se no conceito geral de vida privada. Assim, a privacidade envolveria tanto os fatos da vida íntima como outras situações em que não haja interesse social no seu conhecimento.

Desta forma, o direito à privacidade seria um modo de vida consubstanciado num conjunto de informações pessoais que estão excluídas do conhecimento alheio, enquanto que a intimidade integraria a esfera íntima do indivíduo, sendo o repositório dos segredos e particularidades, cuja mínima publicidade poderá constranger.

Reunidos em Congresso, no ano de 1967, os juristas nórdicos definiram privacidade como sendo "o direito de uma pessoa a ser deixada em paz para viver a própria vida com o mínimo de ingerências exteriores", contudo, freqüentemente, utilizam-se os termos privacidade e intimidade como sinônimos (PAIVA, 2002).

A finalidade desta segunda parte do trabalho é verificar até que ponto pode o empregador invadir a esfera que o empregado guarda isolada da coletividade e, na tangência desse limite, possa violar ou não a sua dignidade. Não há uma efetiva necessidade de aprofundamento da questão para definir com exatidão as diferenças conceituais, desde que fique marcado que, tanto a intimidade quanto a privacidade, são invioláveis, mesmo que o homem se encontre em estado de subordinação.

A evolução do direito de intimidade se inicia logo que os homens começaram a ter consciência de sua necessidade. No início consideravam-na como emanação do direito de propriedade: era uma espécie de anseio da burguesia por liberdade de exercício da vida privada; essa orientação constituiu a chamada teoria racionalista (BARROS, 1997, p. 19). Isso se devia à orientação discriminatória do Estado liberal, a fim de conferir privilégio à classe dominante. Nesse contexto, significava o direito de se ter respeitada a solidão, a reserva etc. (SIMÓN, 2000, p. 71).

Outra linha teórica, a histórica, considera-a vinculada, congenitamente, ao homem e, destarte, perceberam-na, por lógico, desde o aparecimento das antigas civilizações ainda que por meio de pequenos sinais. Na Grécia clássica, onde se realçou o valor inestimável da comunidade, nem por isso se descurou da realidade da intimidade. Em Eurípedes, por exemplo, pode-se identificar com facilidade o conflito entre o mundo político e o privado e daí a necessidade humana à intimidade (BARROS, 1997, p. 19).

Sua consciência histórica também se pode comprovar por meio dos pensamentos dos filósofos *Heródoto*, *Péricles* e *Platão*, que já, a sua época, admitiam a idéia de intimidade. *Aristóteles* evidenciou a ligação entre liberdade e intimidade mostrando nessa um desdobramento daquela. No entanto, o que mais reforça a ideologia é que a própria origem latina do termo mostra que já, naquela época, os romanos lhe reconheciam a existência (*ibid,* p. 19).

Com o Cristianismo, a idéia de intimidade se esclarece e se incorpora culturalmente, passando a ser mais conhecida. Nas obras de Santo Agostinho (354-430 — Diálogos Filosóficos) firma sua idéia central. Neste momento, passou a influenciar pensadores como *Kant*, *Descartes* e *Lutero*[2]. Decorrente da atuação deste último, alguns acabaram por relacionar o aparecimento da idéia de intimidade à reforma protestante (SIMÓN, 2000, p. 20).

Com a evolução histórica da consciência acerca dos direitos humanos, a necessidade de que ficassem prestigiadas a liberdade e a igualdade, passando pelo reconhecimento do pensamento iluminista conducente às mudanças radicais dos valores humanos, fundamento da Revolução Francesa e de outros movimentos de libertação humana, foi-se delineando a feição moderna do direito à intimidade.

Na Idade Moderna, época em que foi plantada a idéia da necessidade de impor limitações aos poderes governamentais em benefício do respeito à dignidade humana, a ideologia liberalista preponderou. Em seus fundamentos podem-se identificar duas vertentes mais fortes: a moderada e a radical.

A moderada, respaldada no pensamento de *Hobbes*[3], considerado o defensor das liberdades negativas, traçava uma fronteira entre as liberdades individuais e a autoridade pública. Esse pensamento plantou a semente da teoria que respalda a indisponibilidade da intimidade como direito fundamental, pois considerava nulos os atos que se destinassem a aliená-la.

Na vertente radical, o respeito à ordem civil significava um bem importante para o homem conduzir-se consoante seus preceitos, significava o seu dever mais elevado, desprezando qualquer consideração subjetiva relativa à moral ou à crítica. Tal vertente pregava uma observação normativo-positiva (BARROS, 1997, p. 20).

O amadurecimento histórico-jurídico do instituto, entretanto, encontrava no direito romano, com a publicação do Édito de Milão, de 313, promulgado pelos imperadores Constantino e Licínio, a imposição da liberdade de religião. Além disso, também neste período, já com aspectos

---

(2) Immanuel Kant, René Descartes e Martinho Lutero desenvolveram teorias clássicas, como o criticismo e racionalismo de Kant, o método de Descartes e o protestantismo de Lutero.

(3) Thomas Hobbes, 1588-1679. Filósofo inglês — *O Leviatã*, trata sobre o absolutismo político que sucedeu a supremacia da igreja medieval

assemelhados à moldura hodierna do instituto, garantia-se a proteção jurídica da correspondência, da inviolabilidade do domicílio e da liberdade religiosa, entretanto, não para a proteção da dignidade humana como o é atualmente (*ibid*, p. 20).

Há teóricos que sustentam que os antigos não conheciam os direitos fundamentais, pois estes só vieram a aparecer a partir do século XVI. Segundo eles, a esfera de liberdade individual é ilimitada, enquanto que as faculdades do Estado são limitadas, em princípio (*ibid*, p. 21).

No ano de 1890, plantou-se o marco decisivo no amadurecimento da concepção do instituto, que seria o início de sua discussão teórica. Trata-se da construção de um pensamento relatado em um artigo publicado em revista da época, que se tornou um consagrado clássico jurídico sobre o assunto e que influencia até hoje o pensamento dos juristas, elaborado por *Samuel Warren* e *Louis Brandeis*, sob o título de *The right to privacy* (1890), publicado na Revista da Universidade de Harvard, continha efetivamente os elementos essenciais da moderna modelagem do instituto, relacionando-o ao âmbito mais reservado e inviolável da natureza humana personalíssima ligada à liberdade (SIMÓN, 2000, p. 72).

A partir daí, no final do século XIX, o direito à intimidade desliga-se de sua concepção típica do liberalismo, deixando de ser considerado um bem de pleno domínio do indivíduo para começar a ser considerado direito de personalidade, divorciado da condição social ou patrimonial e cujo fundamento é a liberdade individual, conforme acima já se mencionou.

Hoje não se discute mais que o direito à intimidade seja a manifestação clara do direito à liberdade e que consiste em espécie de direito humano fundamental da personalidade que se presta à salvaguarda da dignidade humana, ou seja, sustentáculo de uma forma saudável de vida. Pressuposto de uma sociedade feliz constitui o âmbito de vivência exclusiva e delimitada pelo próprio ser.

O primeiro documento internacional que elegeu a privacidade como direito fundamental foi a Declaração Americana dos Direitos e Deveres do Homem, aprovada em 2 de maio de 1948. Logo em seguida, com a Declaração Universal dos Direitos Humanos, instituída pela ONU, em 10 de dezembro de 1948, foi reconhecido o direito à vida privada.

O Brasil só incorporou expressamente o direito à privacidade e intimidade ao texto com a Constituição de 1988, embora já possuísse dispositivos que tratavam indiretamente da matéria, tais como a proibição de violação de correspondência.

Portanto, antes da Constituição, a privacidade estava protegida por normas esparsas, tais como os arts. 554, 573 e 577, do antigo Código Civil (BRASIL, 2003), que tratavam do direito de vizinhança, alguns tipos penais referentes às violações de domicílio, correspondências, dados e segredos (arts. 150, 151 e 153) e, por fim, nos termos do art. 49, § 1º, da

Lei de Imprensa[(4)], que faz incorrer em ilícito civil aquele que divulga informação pertinente à vida privada do indivíduo, embora verdadeira, desde que não seja motivada por interesse público (PAIVA, 2002).

O novo Código Civil (2003) estabelece a proteção da vida privada no seu art. 21, *in verbis*: "A vida privada da pessoa natural é inviolável, e o juiz, a requerimento do interessado, adotará as providências necessárias para impedir ou fazer cessar ato contrário a esta norma".

Muitas vezes não se percebe a amplitude de ação da intimidade humana. A todo instante as atitudes do homem revelam essa intensidade. Quando o homem não diz o que pensa, opta por guardar seu pensamento; quando seleciona o que e como dizer está manifestando a intimidade. Para cada escolha que o homem faz na sua atividade social há no contraponto uma manifestação da íntima vontade de agir ou não, e isso revela a natureza do direito de personalidade que lhe caracteriza, pois, em suas manifestações, delineia-se a individualidade do ser.

Essas opções, de modo geral, são plenamente possíveis nas relações sociais. Entretanto, há circunstâncias que a vida cotidiana moderna impõe, mormente no travamento das relações sociais com efeitos econômicos, que revelam sérias dificuldades e, por vezes, impossibilitam a legítima manutenção da intimidade. É assim, por exemplo, nos contratos de crédito, de consumo etc.

No entanto, é no recôndito das relações sociais que os sujeitos mais se aproximam, em que surge, nitidamente, o embate do poder, quando se torna mais complicado o exercício da proteção da intimidade. É o que acontece nas relações de emprego. O poder que se origina do direito de propriedade tem sido utilizado como argumento para legitimar a invasão da intimidade dos trabalhadores em flagrante subversão da hierarquia de valores e do grau de prestígio dado à dignidade humana pela ordem jurídica brasileira e pela própria consciência ético-jurídica mundial moderna que se estabeleceu a partir da Segunda Guerra Mundial.

Nesta espécie de relações sociais, em que os seres humanos são considerados de modo objetivo, como uma peça da engrenagem da máquina produtiva, como nas relações de consumo de massa ou na relação de emprego, é que mais se afeta a essência humana. É em tal forma de consideração despersonificadora que a violação da intimidade ganha força e aparência de legitimidade.

Pelo próprio sentido teleológico do estado de direito, o posicionamento dos direitos fundamentais de natureza personalíssima terá de residir no patamar mais elevado não só da ordem jurídica, mas da consciência crítica dos membros de qualquer sociedade.

---

(4) Lei n. 5.250, de 9 de fevereiro de 1967 — regula a liberdade de pensamento e informação.

2

PODER. LIMITES. RELAÇÃO EMPREGATÍCIA

A consagração do direito de propriedade como caracterizador do regime capitalista condensou nas mãos dos proprietários um nível de poder ameaçador da garantia da intimidade e, em geral, do respeito aos direitos humanos dos empregados.

Na dinâmica da relação empregatícia, em decorrência do direito de propriedade, o risco da atividade econômica se concentra nas mãos do empresário. Esse direito lhe confere a prerrogativa de comando da atividade empresarial que contém a função de ordenar os insumos de produção, dentre estes, a utilização e seleção da mão-de-obra.

Neste mister, compete-lhe dentre outras atribuições e direitos o de selecionar as pessoas que vão trabalhar na empresa e as funções que irão desempenhar. Para o sucesso do intento, obviamente, ele há de conhecer bem essas pessoas. Mas como fazê-lo sem lhes violar a intimidade?

O que importa, de modo efetivo, para o sucesso do empreendimento são, basicamente, os aspectos técnico-laborativos, portanto não é despida de razoabilidade a afirmação de que este conhecer deve estar restrito apenas a aspectos que, objetivamente, guardem vinculação com as atribuições dos serviços atinentes ao posto pretendido, ou melhor, que influenciem ou possam influenciar no ambiente de trabalho.

Assim, é certo que no desenvolvimento da atividade econômica, o patrão poderá licitamente fiscalizar as atividades dos empregados, desde que, para tanto, utilize métodos que mantenham, ao máximo possível, o resguardo de suas intimidades.

O empresário poderá verificar se os equipamentos estão sendo adequadamente utilizados para a consecução de tarefas relativas ao escopo social, ou se os empregados não estão subtraindo os produtos comerciários, contanto que se valha de uma forma de aferição que não invada a intimidade efetiva dos empregados e afete suas dignidades.

Daí a relevância de perquirir qual seja o grau do limite de acesso a que o patrão tem direito. Até que ponto ele, em nome de seu direito de propriedade, tem o poder de comando e de fiscalização e, até, de sua responsabilidade e comprometimento com o sucesso do empreendimento, penetrar na dinâmica de vida mais restrita do empregado.

O ponto crucial da questão é o limite entre o poder diretivo do empregador e o direito do empregado de ter incólume sua intimidade. É o direito que tem o empregado de que esta permaneça.

O desenvolvimento histórico da dinâmica do trabalho mostra um dado fundamental acerca da conformação da relação entre o tomador e o prestador do trabalho para se entender a feição moderna da necessidade de preservação da intimidade nas relações de emprego. É o seguinte.

No momento em que o trabalho se tornou livre, a dependência que caracterizava a relação entre os atores do sistema laboral escravocrata se converteu em subordinação. Muita celeuma houve acerca da natureza dessa subordinação, se econômica, técnica ou jurídica. Hoje, o entendimento já está pacificado em que a espécie de subordinação que caracteriza a relação de emprego é de natureza essencialmente jurídica. Não que a presença das demais descaracterize a espécie, ou que esta somente se caracterizará se for configurada a dependência de natureza jurídica (DELGADO, 2004, p. 303).

A palavra subordinação deriva da conjugação dos termos latinos *sub* (baixo) e *ordinare* (ordenar), no sentido de estado de dependência ou obediência em relação a uma hierarquia de posição ou valores; submissão (HOLANDA, 1986, p. 1.621). No contexto empregatício, a subordinação desponta como uma circunstância jurídica pela qual o empregado, no exercício de sua liberdade, compromete-se a acolher o poder de direção empresarial para a realização da prestação de serviços. É uma limitação à autonomia de sua vontade (DELGADO, 2004, p. 302).

A subordinação laborativa não é exercida diretamente sobre o empregado, mas sobre a forma como ele desenvolve sua atividade, objeto do contrato. A não sujeição não acarreta incidência subjetiva de poder, mas objetiva. Isso se evidencia quando a subordinação se estabelece em relação a altos funcionários e trabalhadores intelectuais, cujos conhecimentos técnicos superam a dos subordinantes (*ibid*, p. 303).

É justamente na dinâmica do exercício da subordinação jurídica, decorrente do direito de propriedade em que se encontra o empregado, que o empregador guarda a prerrogativa de estabelecer a forma como se dará a prestação laborativa. A doutrina também se refere a essa prerrogativa como poder empregatício (*ibid*, p. 628).

O fenômeno do poder, em verdade, não só no que tange ao poder empregatício, mas nas diversas áreas de sua atuação, é um dos mais importantes e recorrentes na experiência histórico social do homem. Em qualquer relação em que se verifique um grau mínimo de constância e, até mesmo, em episódicos contatos intersubjetivos entre duas pessoas ou no âmbito de grupos sociais mais amplos, ele emerge como elemento crucial. Seja na dimensão interindividual, seja na dimensão que se estende, cada vez mais, ao universo societário. O poder surge como fator decisivo da experiência humana (*ibid*, p. 628).

No contexto da relação empregatícia se manifesta uma das dimensões mais relevantes do fenômeno do poder no mundo contemporâneo, é a espécie de relação que congloba o maior número de pessoas relacionadas ao sistema econômico ocidental, iniciado há mais de duzentos anos.

Essa dimensão específica da dinâmica do poder na sociedade espelha os efeitos da feição global do fenômeno no conjunto social, ou seja, no âmbito interno das empresas, sofre a evidente influência do contexto externo, caracterizando-se como menos ou mais autoritário, refletindo destarte uma espécie de projeção natural.

De modo inverso, a configuração do poder empregatício cumpre importante papel no avanço e solidificação do processo democrático ou autoritário em âmbito mais amplo da sociedade. Devido às razões de afetação decorrentes é que se torna relevante observar o grau de projeções e reflexos sociais que uma gera na outra e vice-versa, tendo em vista a compreensão da estrutura e dinâmica jurídicas (*ibid*, p. 629).

2.1 PODER ORGANIZACIONAL

A natureza jurídica do poder de comando não é pacífica na doutrina. Consoante a observação da doutrina majoritária, este se divide em duas correntes:

• uma, o considera como direito potestativo, de forma que nada pode impedir seu exercício, pois, uma vez a ele acometido deverá o sujeito, necessariamente, se submeter aos comandos estabelecidos;

• a outra, o considera como direito-função que, de sua sorte, constitui um poder conferido ao titular para tutela de interesses alheios e não interesses próprios, implicando obrigações para o próprio titular. Exemplos de direito-função se encontram na relação pai e filho, sindicato e categoria (SIMÓN, 2004, pp. 105-6).

O poder organizacional, como significação de um direito potestativo, foi o que prevaleceu durante o século XIX até meados do século XX. Hodiernamente, não se compatibiliza com a realidade social, pois as limitações impostas ao poder empregatício pelo contrato de trabalho e pelas leis de tutela da relação de emprego, cujo sentido teleológico visa à proteção da parte contratante mais fraca da relação, terminaram por descaracterizar a feição de potestatividade preteritamente impingida à relação.

Nesse sentido, a própria participação dos empregados em comissões de fábricas ou em Comissão Interna de Prevenção de Acidentes, CIPA's, atestam contra a natureza do pensamento superado.

Os fundamentos consolidados da dinâmica da espécie de relação social contribuiu para que, na atualidade, prevaleça a teoria que considera o poder de comando verdadeiro direito-função, pois o exercício da prerrogativa não pode se basear somente no interesse do empresário, mas há também de considerar o interesse dos empregados e suas prerrogativas relativas à condição de pessoa humana, como interesses públicos (SIMÓN, 2000, p. 106), em flagrante manifestação da função social da propriedade e da vigência dos direitos humanos e sociais no âmbito da relação de emprego.

Três são as teorias que explicam o poder de direção:

• Teoria do contrato — considera que o poder diretivo está baseado na relação de emprego, ou seja, no contrato de trabalho, de maneira que o trabalhador concorde em se submeter às ordens, a partir da aprovação para prestar serviços ao empregador.

• Teoria da instituição — considera que o empregador/empresa, enquanto instituição tem uma estrutura rigorosamente hierarquizada, de maneira que o poder de comando surgirá, naturalmente, dos órgãos que a administram.

• Teoria da propriedade privada — segundo a qual o poder diretivo pertencerá a quem tiver a propriedade da empresa.

As três teorias são passíveis de críticas. A teoria contratualista reconhece o poder diretivo apenas pelo seu aspecto formal, o que não é suficiente para justificar o fenômeno. O próprio sentido teleológico do direito laboral revela sua insuficiência ao intento, pois, na dinâmica contratual laboralista interferem diversas cláusulas inarredáveis pelas vontades das partes; é o conteúdo imperativo que equilibra as forças dos sujeitos da relação. Diante disso, resta uma margem negocial pequena na constituição das cláusulas do contrato. Apesar de ser esta a forma, costumeiramente, utilizada no mundo ocidental para o exercício do trabalho, não é suficiente para fundamentar o poder diretivo.

A teoria da instituição justifica apenas determinada situação de autoridade decorrente do poder, mas ao contrário da contratualista, não o justifica no âmbito da relação que afeta a liberdade das partes que, como acima se disse, é uma das características fundamentais da relação de emprego.

A teoria da propriedade privada também é incompleta. Em regra é realmente o detentor da propriedade quem dirige o empreendimento, assalaria os empregados; entretanto, deve-se observar que existem diversas empresas em que a propriedade está dissociada do controle. Em muitas não é nem mesmo possível identificar a figura do proprietário, nesse caso é evidente que o poder de mando não será exercido por ele (SIMÓN, 2000, pp. 109-10).

Seja qual for a fonte de onde emerge sua legitimidade, a verdade é que, atualmente, o poder de mando não deve e não pode, legitimamente, prestar-se apenas a atender aos interesses do patrão, mas, sim, de todos os que compõem a empresa e, também, pela própria natureza do estado social, em benefício da sociedade.

A empresa, ente de natureza coletiva, integrante de uma sociedade capitalista de massa, é imprescindível para o funcionamento do sistema socioeconômico e, conseqüentemente, para que os trabalhadores possam exercer a liberdade inerente à relação de emprego (*ibid*, p. 106). Por conseguinte, esta deve proporcionar que se desfrute de uma ordem social plasmada no primado do trabalho, mas que vise à consecução dos objetivos do bem-estar e da justiça social em todos os aspectos em que deve influir.

A terminologia com que se procura definir o poder empregatício varia na doutrina brasileira, não há unanimidade de denominações quanto aos poderes empresariais da direção.

O autor *Delgado* (2004, pp. 628-9) o chama de poder empregatício, esclarecendo que consiste no conjunto de prerrogativas asseguradas pela ordem jurídica e tendencialmente concentradas na figura do empregador para exercício, no contexto da relação de emprego e pertinente à direção, regulamentação, fiscalização e disciplinamento da economia interna à empresa e correspondente prestação de serviços.

Quase sempre se identificam na doutrina três espécies desse gênero que são: poder organizacional, poder de controle e poder disciplinar (SIMÓN, 2004 pp. 106-7).

Há, entretanto, um poder geral que a doutrina, tradicionalmente (NASCIMENTO, 2004, p. 621), denomina de poder organizacional ou ainda de poder diretivo propriamente dito: é o poder mais amplo do empregador e se compõe da faculdade de ordenar, tanto o capital quanto o trabalho, objetivando a direção e administração do empreendimento.

Este poder compreende (NASCIMENTO, 2004, p. 621):

• a definição dos fins econômicos;

• a determinação da estrutura jurídica do negócio;

• a implementação de cargos e funções, bem como das suas respectivas atribuições;

• a ordenação e estruturação do processo de trabalho, dentre outras atividades, incluindo o poder regulamentar e, por sua vez, inserida no contexto deste último;

• a possibilidade de elaboração do chamado regulamento de empresa, que, juntamente com a lei e outros instrumentos normativos (tais como convenções e acordos coletivos de trabalho), servirão para estabelecimento das cláusulas do contrato de trabalho.

Poder de controle, que é um componente do poder organizacional, é a faculdade que tem o empregador de fiscalizar o desenvolvimento das tarefas profissionais realizadas pelos seus empregados com a finalidade de aferir se estão sendo cumpridas as metas estabelecidas que possibilitarão alcançar os objetivos perseguidos.

Poder disciplinar, que também é uma vertente do poder organizacional ou diretivo ou ainda empregatício, revela-se na prerrogativa do empregador de aplicar sanções aos seus empregados quando eles, injustificadamente, não cumprirem as ordens que lhes forem dadas, não desempenhando as suas atribuições de forma adequada (DELGADO, 2004, p. 636).

Em síntese, o poder diretivo é o poder por excelência, já que os demais, na verdade, servem para lhe dar efetividade e, por isso, podem ser vistos como seus desdobramentos. O poder de controle possibilita ao patrão verificar se a estratégia, previamente traçada para a administração/produção, está sendo cumprida de forma satisfatória. O poder disciplinar permite que sejam punidos os trabalhadores que não se tenham adequado à estratégia em questão, por meio do respeito às determinações impostas (SIMÓN, 2004, p. 108).

Alguns autores têm se utilizado de expressões específicas relativas a cada faceta do gênero, tais como, poder diretivo, poder regulamentar, poder fiscalizatório, poder disciplinar, como poderes autônomos, mas que se moldam bem ao conceito de espécies do gênero poder empregatício (DELGADO, 2004, p. 629).

Contraposta ao intento de sujeição, apesar da superação da fase da potestatividade, que caracterizou a relação de labor e, na prática, ainda se manifesta, conforme acima explicado, no poder empregatício se encontra uma das circunstâncias jurídicas que dão a tônica de relação empregatícia — a subordinação. A condição de subordinado impõe consideração ao poder empregatício daquele que dirige a atividade econômica, pois foi pelo exercício de sua liberdade que assumiu a condição de sujeito da relação de emprego (*ibid*, pp. 303-4).

A pacificação acerca do entendimento do que significa o estado de subordinação, característico da relação de labor, deu-se em um ponto de convergência de entendimentos sobre a natureza desse instituto, cuja essência não se confunde com a subordinação de natureza técnica ou econômica, que não são características próprias da relação de emprego, conforme já se mencionou. Apesar de, muitas vezes, poderem estar contidas naquela e o empregado depender, exclusivamente, de seu empregador para sobreviver, não é exatamente este tipo de subordinação que caracteriza a relação de trabalho como empregatícia.

Não é também a subordinação técnica essencial para a relação de trabalho de caráter empregatício. Acontece, muitas vezes, casos de o empregado possuir qualificação técnica superior a do próprio empregador, restando a este apenas a configuração de ordenador dos insumos qualificados. Assim, tanto a subordinação técnica quanto a econômica podem refletir sinais de uma relação empregatícia, mas não são essenciais seus elementos (SIMÓN, 2004, pp. 108-9).

A característica que define a subordinação jurídica se identifica na atividade do empregado. No desenvolvimento da relação laboral há certa indeterminabilidade do conteúdo específico de cada serviço e, como conseqüência disto, emerge o direito do empregador de definir no curso da relação contratual e nos limites do contrato, a modalidade de atuação concreta do trabalho (NASCIMENTO, 2004, p. 407).

2.2 PARÂMETROS DE DIMENSIONAMENTOS DO PODER EMPREGATÍCIO. A FUNÇÃO SOCIAL DA PROPRIEDADE

O sistema capitalista tem como pedra angular de sua órbita o instituto da propriedade que, tradicionalmente, significava algo exclusivo.

O fundamento do poder diretivo do empregador reside no direito de propriedade e, sua presença é vital para o zelo e eficácia na consecução das metas empresariais. Conste ou não do pacto, o exercício do poder diretivo, por ordem pública e lógica sistêmica jurídica, potencializar-se-á nas mãos daquele que é o proprietário real.

O direito de propriedade nasceu como típico direito individual, enquadrado nos direitos humanos de primeira geração. Na época, sua concepção de direito fundamental se justificava diante da natureza imperativa ilimitada, pela qual o poder dispunha de todos os bens sob seu império.

Era considerado como uma relação entre uma pessoa e uma coisa, de caráter absoluto, natural e imprescritível. Posteriormente, passou-se a vê-lo como uma relação entre um sujeito ativo e um passivo, universal e indeterminado, integrado por todas as pessoas que haveriam de respeitá-lo. Ainda nessa fase delineava-se uma concepção incompleta que desconsiderava a parte pública de sua natureza jurídica. (SILVA, 2005, pp. 270-1).

O caráter absoluto do direito de propriedade, conforme concebido na Declaração Universal dos Direitos do Homem, foi evoluindo até alcançar uma concepção atrelada à sua função social.

Não se justifica mais a teoria da propriedade como direito natural, pois não implica uma manifestação da natureza humana. Apenas sob um prisma de garantia da propriedade, abstratamente falando, é que se poderia entendê-lo como tal, mesmo assim, por sua correlação com outros atributos pessoais como, por exemplo, o direito de igualdade, liberdade e até mesmo de intimidade (*ibid*, p. 272)

Já no final do século XIX, quando o problema social era foco de atenção mundial pela situação degradante em que se encontravam os trabalhadores, a Igreja pugnava pelo uso social da propriedade. A Encíclica *Rerum Novarum*, de autoria do Papa Leão XIII, arcebispo de Perusa, apontou, em várias pastorais, a necessidade de que houvesse mais humanidade em relação aos trabalhadores, então a luta pela solução da questão social ganhou mais força. Por seus termos havia o sentido de se considerar o trabalho não como uma mercadoria, mas como um modo de expressão direta da pessoa humana. Argumentava que, para a maioria dos homens, o trabalho era a principal fonte de sobrevivência. Portanto, o valor de sua remuneração não poderia ficar ao alvedrio das leis de mercado, e, sim, conforme a justiça e eqüidade.Pregava que a propriedade privada, mesmo a dos bens de produção, é um direito natural que o Estado não pode suprimir, pois carrega uma função social. É um direito que se exerce em proveito próprio e para o bem dos outros. O estado deveria fazer com que, nas relações de trabalho, fossem observadas a justiça e a equidade para que nos ambientes de trabalho ficasse garantida a dignidade humana. (SÜSSEKIND, 1999, pp. 98-9).

Costumeiramente, no Brasil, a propriedade somente se concebe sob aspecto social, é garantido o direito desde que seu uso se converta em bem da sociedade, não se está a se referir, exclusivamente, ao direito à propriedade imóvel, mas ao exercício de um direito que detém os atributos e potestades respectivas de poder sobre um bem qualquer (BRASIL, Constituição, art. 5º, *caput* e 170, III).

Não se trata de um sistema de limitação da propriedade, mas concerne à nova feição própria da estrutura do direito. Sua concepção vai além dos fundamentos ensinados pela Igreja, segundo a qual sobre toda a propriedade particular pesa uma hipoteca social, pensamento este atrelado a uma vinculação de natureza obrigacional.

Em verdade, o princípio da função social da propriedade introduziu na própria conceituação do direito de propriedade um interesse que pode não coincidir com o do proprietário e que, em todo caso, é-lhe estranho, o que o obriga a fazer utilização do bem, não apenas obedecendo a sua vontade, mas sim como lhe é imposto em prol de sua posição na sociedade e da parcela de contribuição a que está obrigado a repassar (SILVA, 2005, p. 283).

O grau de importância prática da observação desse princípio no contexto do sistema jurídico brasileiro pode ser inferido a partir da observação dos termos estabelecidos no art. 185 da Constituição Federal (BRASIL, 2005). Seus ditames estabelecem os requisitos necessários ao cumprimento da função social da propriedade rural. Dentre eles, que devem ser preenchidos simultaneamente, está a obrigatoriedade de observação das disposições que regulam as relações de trabalho. Portanto, se uma propriedade de natureza rural não cumprir as normas trabalhistas, estará passível de desapropriação.

Pode-se argumentar que o preceptivo legal não se aplica à função social da propriedade empresarial, não no que seja pertinente a possibilidade de sua desapropriação, mas certamente o dispositivo informa, sob aspecto interpretativo sistemático, a preocupação da utilização da propriedade de modo geral, em prol da sociedade e dos empregados.

Ao menos no que se refere à propriedade rural, a desobediência de sua utilização social, sem o cumprimento das obrigações empresariais trabalhistas, acarreta a substituição forçada pelo valor correspondente ao da expropriação. E quanto às demais espécies de propriedade, se verificada uma utilização inadequada, estará por certo, passível de represálias públicas.

Antigamente, a propriedade poderia ser usada como bem entendesse o proprietário. Era o tempo do individualismo, época em que a maioria dos homens acreditava que o mais importante era ter, era a posse e não o ser. Hoje, percebe-se que é mais coerente a linha de doutrina que ensina a importância do ser e não o de ter. Hoje, usar legitimamente a propriedade significa usá-la em proveito de todos e é justamente isso que retrata a função social da propriedade.

Quando, por exemplo, a empresa respeita as normas trabalhistas, manifesta-se a utilização social do bem. A propriedade moderna não pode estar destinada à satisfação da lucratividade do proprietário exclusivamente, mas também a formar circunstâncias que conduzam ao proveito de diversos âmbitos sociais. Somente assim, realizará o objetivo primordial da sociedade juridicamente organizada que consiste na consecução da dignidade humana.

O proprietário dos bens de produção, portanto, deve reverter à atividade dos diversos feixes de direitos que compõem a propriedade o atendimento de sua função social. É assim que se entende a extensão da expressão função social da propriedade (SILVA, 2005, p. 283).

Nesse contexto, verifica-se como lógico que o empregador que não respeita a intimidade do empregado não está de acordo com a função social da propriedade, pois estará desrespeitando a sua dignidade e, assim, desencadeando uma rede de mal-estar social.

Positivamente, a qualificação precisa da função social decorre da aferição das necessidades sociais reclamadas em lugar e época específicos. No entanto, a violação dos direitos de trabalhadores, genericamente, será sempre um modo de desatendimento da função social da propriedade, em qualquer tempo e lugar.

No âmbito da propriedade empresarial será sempre ilegítima a atitude do empregador que, sob fundamento do gozo de seu direito de propriedade e, portanto, no manejo da prerrogativa do instrumento do poder empregatício, relegue direitos substanciais de seus subordinados e, com isso, gere conseqüências sociais negativas. A satisfação econômico-financeira de seu empreendimento deverá ser condizente com a obrigação de produzir o bem-estar e a justiça social, como quer a Constituição Federal (BRASIL, 2005, p. 139).

É justamente na observância dos direitos de seus empregados e no respeito aos limites do poder de comando empresarial que está a efetivação da utilização social do direito de propriedade empresarial. Ademais, se observado com acuidade o escopo da função social da propriedade, vai-se alcançar em sua essência o intento de prestigiar os direitos humanos e fundamentais.

A ordem pública impõe obrigações inalienáveis pela vontade das partes que travam relações jurídicas, isso porque se deve garantir um mínimo de cidadania como valor fundamental da existência antes de qualquer valor econômico, sob a ativação do princípio da função social da propriedade.

Há um natural desequilíbrio entre os atores de algumas relações jurídicas, tais como, consumerinha e laboral, no âmbito das quais se faz necessária uma atuação jurídica que minimize o desequilíbrio entre a qualidade dos atores (DELGADO, 2004, pp. 58-59), sendo essa uma das funções das modernas ordens normativas, assim como foi imposta a emergência dos direitos sociais humanos de segunda geração. É necessário fazer com que o direito recobre sua função de valorizar o homem acima de tudo.

3

DISCRIMINAÇÃO

Um dos motivos que torna importante proteger a intimidade é impedir que se verifique a discriminação. Este termo tem origem anglo-americana e significa caráter infundado de uma distinção em relação a uma qualidade possuída pelo sujeito capaz de provocar um dano material ou moral (BARROS, 1997, p. 54).

Para *Brito Filho* (2004b, pp. 87-88), a discriminação no trabalho consiste em dar tratamento diferenciado, excluindo do mercado de trabalho ou negando direitos a pessoas que pertencerem a grupos vulneráveis. A contratação pode ser negada ou pode ser feita para cargo inferior ao pretendido, ou ainda pode ser preterida a sua ascensão funcional ou ser designado para funções mais penosas ou inferiores. Hoje o que se verifica é uma discriminação velada, conduta baseada no preconceito.

Segundo informações da OIT, as causas que ensejam a discriminação são de diversas naturezas, tais como ódio, crença da superioridade racial, antipatia, preconceitos, intolerância, política meditada e estabelecida (BARROS, 1997, p. 55).

O ódio poderá advir de origem histórica, sobretudo sucedido de natureza religiosa ou racial. A segregação racial de raízes passadas, em ambientes nos quais uma raça tenha subjugado outra, ou mesmo de razões econômicas, em que indivíduos de uma raça tenham monopolizado a economia de um país, e nesta condição acabam por considerar intrusos os integrantes de outras raças, são fatos históricos que acabaram por fomentar o ódio generalizado, insano.

Um sentimento natural de antipatia ou preconceito pode gerar discriminação. Uma opinião formada sem considerar a realidade dos fatos e aspectos racionais que revelam o oposto do que se pensa, podem fazer com que a paixão impulsione um entendimento que conduza as pessoas a práticas de ações emocionais e injustas, a ignorância poderá culminar em boatos e falsos conceitos, transformando a realidade e fazendo prevalecer a injustiça.

O temor de que a existência de empregados de uma raça ou sexo possa implicar concorrência aos empregos, atuando como fator de redução de salários, deteriorar as condições de trabalho conduz também à discriminação. A intolerância é outro fator que também produz a discriminação, mormente contra pessoas que professam religiões diferentes ou tenham inclinação política diversa.

Freqüentemente, a discriminação advém de estabelecimento de política que objetiva impor uma separação de raças ou a proteção de uma delas, o que tem sido consagrado em leis de imigração, na regulamentação do emprego, nas práticas laborais, nos programas de formação profissional, nas convenções coletivas e nos estatutos e regulamentos sindicais. Lembremos do sistema que vigorava na África do Sul — o *apartheid*[1] — no qual se reservava determinado tipo de emprego para respectivas raças. Isso revela exemplo flagrante de política de discriminação que permanece, mesmo após a derrogação legislativa, mostrando que se torna legítimo combater as causas efetivas que residem no comportamento das pessoas (BARROS, 1997, p. 55-6).

No Brasil, o racismo é crime inafiançável e imprescritível. Qualquer discriminação atentatória dos direitos e liberdades fundamentais é punível nos termos da Constituição (BRASIL, 2005). Não obstante, a prática do racismo e o preconceito grassam, livremente, nos quadrantes nacionais e motivam a dispensa de empregados como se pode verificar no seguinte julgado cuja ementa esclarece:

RO-V-1.595/95, que tramitou perante o TRT/SC (Ac. 8.320/96), julgado em 16.9.96 e publicado no DJSC de 27.9.96[2] (BARROS, 1997, pp. 56-7):

Emprego público. Exoneração por simples ato administrativo sem motivação comprovada da inaptidão do servidor. Ilegalidade, mormente quando o ato vem maculado pela indignidade moral da prática do racismo em confronto com os princípios da valorização da pessoa humana (Constituição Federal, art. 1º, inciso III e art. 5º, *caput* e inciso XLII). O ingresso no serviço público mediante o preenchimento de todos os requisitos exigidos pela Constituição Federal faz nascer o direito, ou melhor, a expectativa do direito à estabilidade e/ou, conforme o caso, à garantia de motivação das decisões, sendo a exoneração ou demissão indispensavelmente precedida, na forma da doutrina e da jurisprudência da demonstração cabal da inaptidão do servidor às funções desempenhadas. Simples ato administrativo, sem motivação, afronta o poder discricionário e envereda nas raias do arbítrio. Direito à reintegração que merece ser deferido, notadamente ainda quando transparece da prova que a despedida praticada pelo ente paraestatal, ou melhor, pelo servidor responsável

---

(1) Política de segregação racial entre negros e brancos mantida pela minoria branca, na África do Sul.
(2) RO — Recurso ordinário; TRT/SC — Tribunal Regional do Trabalho de Santa Catarina; DJSC — Diário de Justiça de Santa Catarina.

pela escolha dos demitidos, vulnera até os princípios de respeito à dignidade do homem, à ética social, à moralidade mediante prática hedionda do racismo, cuja punição social ultrapassa o direito pretendido, por se constituir em crime e gerar o direito também à indenização pelo dano moral daí resultante.

As crenças dos indivíduos e seus preconceitos têm sido a causa de inúmeros sofrimentos e injustiças, trata-se de um desafio difícil de combater, pois são diversas as manifestações de ignorância e maldade contra quem não se enquadra nos padrões exigidos pela sociedade.

A discriminação se fundamenta em diversos fatores, entre eles os de cunho psicossocial, educacional ou econômico. A conjugação desses fatores tem efeitos que se reforçam mutuamente, dando à discriminação um caráter sistêmico, cuja análise põe em relevo o papel das práticas de emprego das empresas nos processos de discriminação que, por serem injustos, são condenados, independentemente da intenção de prejudicar e do conhecimento cabal da natureza ou da extensão de seus efeitos danosos.

Sob o aspecto econômico, a discriminação, além de inútil, é perigosa, pois impede o aproveitamento pleno da capacidade das pessoas afetadas, negando-lhes a oportunidade de serem aproveitadas em empregos para os quais estão efetivamente habilitadas, impede-as, ainda, de aproveitarem seus potenciais, imprimindo, assim, efeito negativo sobre a produtividade geral e o desenvolvimento do povo.

O princípio da não discriminação guarda conexão com a garantia dos direitos da personalidade e atua como limite imposto pela Constituição Brasileira à autonomia do empregador quando da obtenção de dados a respeito do candidato ao emprego com projeção no curso da execução e extinção do contrato, até porque um dos motivos de existir da República Federativa do Brasil é promover o bem de todos, sem preconceito de origem, raça, sexo, cor, idade e quaisquer outras formas de discriminação (BRASIL. Constituição, art. 3º, IV).

Garantindo-se a intimidade do empregado, estar-se-á negando acesso dos empregadores a informações que possam gerar discriminações.

4

CONTRATO DE TRABALHO. CRITÉRIOS DE SELEÇÃO DE PESSOAL. LIMITES DO PODER EMPREGATÍCIO

A questão da proteção da intimidade do empregado começa pela avaliação prévia que se faz de suas qualidades para a habilitação ao posto pretendido. As informações que o empregador tem direito de perseguir e considerar, para efeito de escolha de seus empregados, devem estar em consonância com as atribuições que serão desenvolvidas no posto do respectivo trabalho. O intento de colher informações de caráter pessoal, que não guardem liame com os aspectos da prestação laboral, é impertinente e se reveste de caráter abusivo e contrário à moral e à ética (BARROS, 1997, pp. 58-9).

Apesar disso tudo, geralmente o que acontece é o abuso. A dificuldade de alcançar um posto de emprego e atender as necessidades econômicas subtrai do pretendente ao posto de emprego a condição digna de negociar uma contratação sem se despir de diversos direitos básicos, inclusive aspectos de sua personalidade (*ibid*, p. 54).

É muito delicada a situação de um trabalhador candidato a emprego. Ainda que se trate do estabelecimento bilateral de regras afeitas a ambos, em que deveria imperar a autonomia da vontade, o trabalhador sempre fica numa situação de inferioridade, devido a circunstâncias específicas que envolvem a relação de emprego (SIMÓN, 2000, p. 129).

Enquanto o empregador se encontra em condição pessoal econômica estável, detendo a propriedade e o poder de escolha, o trabalhador, por outro lado, dispõe apenas de sua força de trabalho quase sempre em estado de inércia, premido por necessidades alimentícias, temente de que não se concretize sua admissão e, pior, de carregar consigo a pecha de não ter sido selecionado e não servir aos anseios do cargo, e que os motivos de sua recusa sejam divulgados e recebidos negativamente na comunidade.

Por isso, o empregador abusa na colheita de informações e impõe as condições do contrato, cujas características o tornam assemelhado a um contrato de adesão. Nunca é demais recordar que são circunstâncias como essas que atraem a atividade do próprio princípio teleológico do direito do trabalho para a fase pré-contratual (*ibid*, p.129).

Com o advento da Lei n. 9.799/99, que inseriu modificações na Consolidação das Lei do Trabalho, CLT, diversas condutas consideradas pelos Tribunais pátrios como lesivas à integridade e intimidade do trabalhador(a), foram vedadas, a exemplo da proibição da revista íntima e exigência de teste de gravidez (PAIVA, 2002).

É evidente que não só o pretendente ao posto de emprego detém direitos. Também o que contrata tem o direito de obter, dentro dos limites da dignidade do trabalhador, informações exatas e pertinentes às necessidades da relação que se pretende firmar.

O art. 6.8 do Projeto de Repertório para Proteção de Dados Pessoais do Trabalhador, elaborado pela OIT, preconiza que respostas inexatas ou incompletas sobre vida sexual, idéias políticas, religiosas, antecedentes penais, filiação sindical ou dados médicos, não deverão ser sancionados com o término da relação de emprego ou outra medida disciplinar. Essa regra não se aplica se a veracidade da informação tem fundamental importância para a execução das atividades que o trabalhador irá desenvolver (PAIVA, 2002).

Seguindo essa linha de idéias e atenta em coibir abusos que, eventualmente, possam decorrer dessa proteção, a jurisprudência argentina considerou ter agido de má-fé o trabalhador que, padecendo de daltonismo congênito, conseguiu ingressar como motorista em uma empresa de transporte, amparado por um documento hábil, obtido, evidentemente, por engano ou dissimulação.

Posteriormente, não conseguindo ele o registro perante a Secretaria de Transporte, entendeu a jurisprudência que o empregador estava desobrigado de mantê-lo no emprego, tampouco deveria conceder-lhe ocupação distinta daquela para a qual foi contratado, não lhe cabendo nenhuma responsabilidade pela cessação do contrato (Pinto, Adolfo c/ Empresa General José de San Martin SAI, CNAT, Sala VI, 29.4.77, Lt, XXV-825, citado por LIVELLARA, Carlos Alberto)[1]. É evidente que deve haver fidúcia recíproca na espécie de relação social e não apenas direitos aos empregados (BARROS, 1997, p. 59).

Não há dúvida de que estamos diante de uma relação social desequilibrada subjetivamente e que, por isso, sucedem lesões aos direitos de intimidade e vida privada sem que o trabalhador tenha meios eficientes de impor resistência. É por isso que urge providenciar tutela legal específica e minudenciada sobre a matéria e que se tome como referência a proteção dos direitos humanos como forma universal de proporcionar bem-estar e justiça social, mormente nas relações de emprego, pois, com isso, propiciar-se-á um equilíbrio universal das forças subjetivas componentes da relação empregatícia.

---

(1) Informação prestada pela Argentina, no III Congresso Regional Americano de Direito do Trabalho e da Segurança Social, realizado em Montreal, em maio de 1995.

5

QUESTÕES ESPECÍFICAS DE VIOLAÇÃO DA INTIMIDADE

Há diversos meios pelos quais o empregador pode vulnerar a intimidade dos empregados. Neste trabalho verificaremos apenas como isso pode acontecer por intermédio das revistas íntimas, das escutas telefônicas, da verificação da caixa de *e-mails* e da navegação pela *Internet*.

5.1 DAS REVISTAS ÍNTIMAS

O Tribunal Constitucional da Espanha, por intermédio de uma decisão datada de 29.7.85, proclamou o entendimento de que as liberdades públicas dos indivíduos trabalhadores não podem ser desprezadas dentro do espaço laborativo, pois as empresas não estão do lado de fora da sociedade, tampouco o exercício da liberdade de pactuar um contrato de trabalho retira do trabalhador direitos que a Constituição lhe confere, muito menos seus direitos e liberdades públicas (BARROS, 1997, p. 34).

A constituição espanhola prevê o respeito à dignidade da pessoa humana. Sob tal influência, o estatuto dos empregados desse país dispõe que as revistas efetuadas nos empregados, em seus pertences e espaços particulares, só serão admitidas se efetuadas dentro do centro e no horário de trabalho e, se for necessário à proteção do patrimônio empresarial e dos demais trabalhadores da empresa, fica garantido o testemunho do representante legal dos trabalhadores, porém, não sendo possível deste, poderá ser o de outro trabalhador da empresa (art. 18 do Estatuto do Trabalhador) (BARROS, 1997, p. 35; SIMÓN, 2000, p. 145).

Ademais, exames realizados diretamente no corpo do empregado poderão traduzir atentado contra o pudor natural, mas isso dependerá da intensidade do exame. Destarte, considera-se abusivo o exame que requer o completo desnudamento, ainda que perante pessoas do mesmo sexo e que seja minucioso, detalhado, prolongado ou em presença de outros.

Também é preceito daquele ordenamento a permissão conferida ao empregador para adotar medidas que considere oportunas à vigilância e controle, com o objetivo de verificar o cumprimento dos deveres trabalhistas, mas sempre respeitando a dignidade da pessoa humana (BARROS, 1997, p. 36).

Na Itália, o regramento determina que se deve atentar para o fato de que somente sejam permitidas as revistas se não houver outro meio de fiscalização, ou seja, que a revista seja a única forma de fiscalização no caso concreto, como, por exemplo, em que haja circunstâncias propiciadoras de subtração e ocultação de objetos indispensáveis à atividade empresarial, de matéria-prima ou produtos de propriedade do empregador.

Nos casos em que se permitem as revistas, o procedimento para sua realização não é livre, devem ser observadas algumas regras, o ideal é que se realize na saída dos locais de trabalho e por meio de um sistema de seleção automática que deve ser acordado mediante a tutela representativa dos empregados, em que se preserve suas intimidades. Imprescindível, outrossim, que os critérios das revistas sejam estabelecidos entre os empregadores e entidades sindicais ou comissões internas (SIMÓN, 2000, p. 147; BARROS, 1997, p. 38).

Na França, os tribunais condenam a revista vexatória ou realizada por pessoa de outro sexo, mas permite que se faça o controle nos locais em que o empregado guarda seus objetos pessoais, desde que seja feita em sua presença. Há anos, vinham-se autorizando revistas corporais por pessoas do mesmo sexo. Desde 1982, entretanto, a legislação francesa passou a vedá-las, impondo ao empregador a impossibilidade de impor restrições que não sejam justificadas pelo tipo de tarefa a realizar, nem proporcionais ao objetivo procurado (BARROS, 2005, pp. 564-5).

Na China, desde 3 de abril de 1992, a legislação trabalhista chinesa sobre a proteção dos direitos e interesses da mulher, após declarar sua liberdade pessoal inviolável, proíbe que ela seja submetida a revistas físicas ilícitas (*ibid*, p. 565).

Na Argentina, a lei do contrato de trabalho estabelece que o controle sobre os empregados deve se dar de modo que não agrida a sua dignidade, por meio de sorteio. O controle do pessoal feminino deverá ser feito por pessoas do mesmo sexo. Tudo é feito com o conhecimento da autoridade que fiscaliza a aplicação da legislação trabalhista, para apuração do respeito da dignidade dos empregados (*ibid*, p. 565).

No Canadá, a legislação é omissa quanto ao controle durante a jornada. Somente são permitidas as revistas do empregado, quando destinadas a prevenir ou reprimir furtos e na forma prevista em instrumentos normativos autônomos ou com base no costume. Também se permite fazê-las diante de suspeitas fundadas, mas devem-se adotar medidas preventivas para evitá-las. Consistem as revistas em visualização pessoal ou nos objetos pessoais; inspeções apalpando-se as roupas, sempre com vistas a evitar furtos, garantir a segurança e impedir crime, com a condição de utilizar método razoável, sistemático e não discriminatório (*ibid*, p. 565).

Apesar da Constituição Federal do Brasil, 1988, garantir a intimidade, até o final da década de 1980 não se conhecia nenhuma espécie normativa que proibisse as revistas íntimas. A partir de meados da década de noventa, registra-se o aparecimento de algumas normas municipais proibindo as revistas íntimas. No município de Belo Horizonte, a Lei n. 7.451/98 considera como revistas íntimas, a coerção para se despir ou a prática de qualquer ato de molestamento físico que exponha o corpo. O descumprimento dessa obrigação negativa sujeita o infrator a penas que variam desde a advertência até a cassação do alvará de funcionamento.

Também no município de Vitória/ES, a Lei n. 4.603, de março de 1998, proíbe a prática de revistas íntimas tanto nas empresas privadas, quanto em órgãos da administração pública direta e indireta, com sanções semelhantes as acima mencionadas (*ibid*, pp. 556-7).

Atualmente, o art. 373-A da CLT, no capítulo sobre o trabalho da mulher, dispõe sobre a proibição de se realizarem revistas íntimas. Não proíbe qualquer espécie de revista, mas apenas as íntimas, assim como na China. Portanto, o direito de resistência nasce com a violação da dignidade do empregado. A despeito de a norma se dirigir apenas às mulheres, como a Constituição Federal estabelece que homens e mulheres são iguais em direitos e obrigações, por analogia os homens poderão resistir (*ibid*, pp. 557-8).

A fidúcia é uma das características da relação empregatícia, não havendo tal circunstância, certamente a culpa de eventual prejuízo será do empregador, sob as figuras *in eligendo* e *in vigilando*[1]. Ademais, o atual estágio da evolução tecnológica oferece uma gama de métodos capazes de propiciar uma fiscalização eficaz sem que haja a necessidade de revistar os trabalhadores para efetivação do poder fiscalizador.

Também a eventualidade com que subtrações materiais acontecem e a possibilidade de proceder a investigações policiais como meio de identificar e punir as práticas levam ao entendimento de que as revistas não sejam permitidas (*ibid*, pp. 146-7).

Apesar da timidez da proteção legislativa infraconstitucional, o próprio sistema constitucional de proteção à dignidade humana adotado pela Constituição Federal do Brasil, que elegeu a presunção de inocência como um dos meios de salvaguarda da liberdade, conduz ao entendimento de que revistas, principalmente as regulares, chocam-se com o respeito à dignidade do trabalhador (SIMÓN, pp. 147-8).

---

(1) Expressões latinas aplicadas à culpa, diz-se *in eligendo* — em escolher e *in vigilando* — em fiscalizar.

As revistas representam uma maneira simplista e acomodada e, acima de tudo, ilegítima e ilegal de defesa da propriedade privada, já que viola preceito fundamental do ordenamento pátrio, que coloca a dignidade humana como fundamento da República Federativa do Brasil. Nesse sentido, a prática viola o princípio da presunção de inocência, posto no inciso LVII, do art. 5º da Constituição Federal, até porque, se aos acusados são garantidos o contraditório e a ampla defesa (art. 5º, LV), como excluir da incidência deste dispositivo os simples suspeitos? (*ibid*, p. 148).

A espécie também viola o princípio da igualdade, posiciona o empresário sob o aspecto de importância em patamar acima ao do trabalhador, valoriza o patrimônio como bem superior ao da dignidade pessoal, o que é inaceitável na democracia jurídica, ainda mais sob o império econômico-jurídico do social capitalismo, que consagra a necessidade do uso social da propriedade.

A igualdade é fundamento do próprio Estado Democrático de Direito, mote histórico de sua existência e dotado de força vigente universal, hodiernamente, com residência no ordenamento positivo brasileiro constitucional, assim como em todos os momentos da história constitucional nacional e alienígena, como se pode verificar no capítulo sobre a evolução dos direitos fundamentais e humanos, na primeira parte deste escrito.

O fato de ser a subordinação uma característica dessa espécie de relação social tem sido justificativa para o abuso de poder do empregador. O fundamento, no entanto, é viciado por defeito lógico-jurídico, pois o estado de subordinação não autoriza a violação de direitos constitucionais da pessoa humana, como melhor se explicou acima.

O que se deve observar é o tipo de interpretação que será aplicado à espécie normativa constitucional de matiz trabalhista, pois, esta contém o espírito teleológico da legislação protecionista — tornar juridicamente iguais atores desiguais em uma relação contratual.

É função da polícia investigar e punir possíveis furtos. Assim está estruturado o estado brasileiro. Dessa maneira, ao desenvolver tal atividade, o empresário passa a agir como policial em atitude de fiscalização pessoal eventual, há casos também de rotina da revista sem nenhum indício de crime. Neste caso, além de desenvolver ilegitimamente a função reservada à polícia, passa a perpetrar verdadeiro assédio moral.

Na verdade, nem mesmo diante de indício de crime seria legítima tal atitude, exceto no caso de flagrante delito, pois a função de policiar caberia à polícia, não podendo jamais se transferir para o particular (SIMÓN, 2000, p. 148).

Para a constatação da subversão da ordem constitucional e ético-jurídica mundial, a questão é polêmica nos tribunais, oscila entre aceitar-se as revistas como lícitas ou não. Questões relativas aos casos concretos é que têm influído no posicionamento pretoriano, mas diferentemente do que se via nos últimos anos do século passado, nas instâncias superiores a prática vem sendo coibida. Recentemente, em publicação do dia 15.6.04, no *site* do Tribunal Superior do Trabalho, TST (www.tst.gov.br), circulou a informação seguinte:

> A central de medicamentos Reydrogas Comercial Ltda. foi condenada pela Primeira Turma do Tribunal Superior do Trabalho a pagar a uma ex-funcionária da unidade de Salvador (BA) indenização decorrente de dano moral por manter um supervisor nos vestiários para observar os empregados a se despir. A ex-empregada que move ação contra a empresa contou que havia duas vistorias por dia, na saída para o almoço e ao final do expediente. Ela levantava a blusa e baixava a calça diante de uma supervisora.
>
> Essa revista visual equivale à revista pessoal de controle e, portanto, ofende o direito à intimidade, disse o ministro João Oreste Dalazen, relator do recurso da ex-funcionária que trabalhou na empresa como auxiliar de estoque. O pedido de indenização por dano *moral havia sido negado pela primeira e segunda instância da Justiça do Trabalho* [grifo nosso].

Dalazen disse que o empregador excedeu os limites do poder diretivo e fiscalizador. Para ele, essa forma de supervisão, apesar da justificativa da empresa — evitar furtos e impedir que substâncias psicotrópicas sejam indevidamente consumidas —, não tem amparo da lei. "Penso que nem em nome da defesa do patrimônio, tampouco por interesse supostamente público pode-se desrespeitar a dignidade humana", afirmou.

O valor da indenização foi arbitrado em R$ 20 mil. Na fixação dessa quantia, a Primeira Turma do TST considerou a "intensidade do sofrimento do ofendido, a gravidade, a natureza e repercussão da ofensa e a situação econômica do ofensor". A partir de consulta feita ao site da empresa na *internet*, o ministro citou que ela tem 270 representantes comerciais e está presente em 15 Estados.

A Reydrogas alegou que não realizava, a rigor, uma revista, mas um acompanhamento, com a manutenção, no vestuário, de um supervisor do mesmo sexo que "não tocava em qualquer empregado". Segundo a empresa, o vestiário coletivo tem semelhança com aqueles utilizados pelos times de futebol ou outra modalidade de esporte. Para o ministro-relator, entretanto, o fato de haver uma supervisora para observar o despimento parcial da empregada já constitui agressão à intimidade.

Dalazen lembrou que em outros precedentes do TST a condenação de empregadores foi pela revista íntima dos empregados, com inspeção pessoal realizada por representantes do empregador para verificação de eventual furto de produtos. Não se trata, exatamente, da revista visual realizada pela Reydrogas, afirmou. Ele também considerou "compreensível" a preocupação da empresa com a guarda de substâncias psicotrópicas, devido à possibilidade de ocorrer furtos e também pelos riscos de danos econômicos e sociais decorrentes do consumo inapropriado de produtos alucinógenos.

Entretanto, o ministro observou que, quando se trata de danos morais, os propósitos do causador do dano não o isentam do pagamento da indenização devido "a objetividade que orienta a responsabilização pela prática do ato infringente a direito de personalidade". O dano moral caracteriza-se pela ocorrência do ato ilícito ou culposo ou com abuso de direito; o nexo causal entre o ato e o resultado lesivo e o resultado lesivo ou prejudicial", enumerou.

No caso da revista visual, o relator afirmou que foram configurados a culpa e o nexo causal porque se tratava de imposição do contrato de trabalho e o que deve se examinar é a existência objetiva do dano. "Configurado o ato danoso ao patrimônio moral do empregado, inexorável a indenização correspondente", disse.

O relator observou que o controle exercido pela empresa com a finalidade de fiscalizar eventual furto de produtos deve respeitar os limites do ordenamento jurídico e que o respeito à intimidade e à dignidade do trabalhador constitui uma condição essencial para a estabilidade nas relações trabalhistas. Dessa forma, enfatizou, o poder de direção patronal está sujeito a "limites inderrogáveis, como o respeito à dignidade do empregado e à liberdade que lhe é reconhecida no plano constitucional".

Dalazen afirmou que é obrigação do empregador e seus prepostos respeitarem o direito subjetivo do empregado à própria intimidade, pois a "inserção do trabalhador no processo produtivo não lhe retira os direitos da personalidade, cujo exercício pressupõe liberdades civis".

Para o ministro, a circunstância de a supervisão ser feita por pessoa do mesmo sexo é irrelevante, pois o constrangimento persiste, ainda que em menor grau. "A mera exposição, quer parcial quer total, do corpo do empregado caracteriza grave invasão à sua intimidade, traduzindo a incursão em domínio para o qual a lei franqueia o acesso somente em raríssimos casos e com severas restrições, tal como se dá até mesmo no âmbito do direito penal", disse.

Dalazen afirmou que a empresa teria outras opções de controle, não-agressivos à intimidade de seus empregados, tais como o controle numérico dos medicamentos, o monitoramento por câmeras de vídeo nos ambientes em que há manipulação dos produtos e a verificação contábil mais detalhada do estoque. "Em conclusão, embora não se cuide aqui, a rigor, de revista pessoal, o comportamento da empregadora traduz nítido desrespeito à intimidade da empregada", disse. Ele lembrou que a empresa já foi condenada por danos morais em outro processo julgado pela Primeira Turma do TST. (RR 2195/1999)

A riqueza dos argumentos e a amplitude exauriente de fundamentação revelam a maturidade científica acerca da aplicação dos direitos fundamentais do homem, além de perfeito enquadramento da espécie na órbita juslaborativa.

Vale observar alguns aspectos da fundamentação da decisão, como por exemplo, o de que a revista simplesmente visual, ou seja, aquela em que não há contato físico entre os atores, já é, por si própria, idônea a traduzir o dano moral, por ofender a intimidade do empregado, pois o fato de colocar uma supervisora para observar o despimento parcial já constitui violação da intimidade. Neste sentido, declinou que a mera exposição parcial do corpo do empregado caracteriza grave violação de sua intimidade, traduzindo a incursão em domínio no qual a lei franqueia o acesso, somente em raríssimos casos, e com severas restrições, tal como se dá no âmbito do direito penal.

Um segundo aspecto importante refere-se à afirmação de que agindo dessa forma, o empregador excedeu os limites impostos aos poderes diretivo e fiscalizatório patronais.

Outra manifestação que merece realce afirma que nem mesmo em nome da defesa do patrimônio ou de suposto interesse público se pode permitir que seja desrespeitada a dignidade humana, isso coloca os valores sociais em perfeita hierarquia. Tal manifestação rechaçou argumentos da empresa de que seria lícito proceder às revistas em face da manipulação de substâncias psicotrópicas, cuja subtração poderia acarretar dano social. Arrematou o Ministro *Dalazen* com o argumento de que os propósitos de quem comete o dano não o isenta do pagamento da indenização. É a objetividade que orienta a avaliação quando há infringência de direito da personalidade.

Esclareceu a decisão que o controle exercido pela empresa, a fim de coibir furtos, deve guardar respeito aos limites do ordenamento jurídico e que o respeito à intimidade e dignidade do trabalhador constitui condição essencial para a estabilidade nas relações trabalhistas. Assim, o poder diretivo está sujeito a limites inderrogáveis, como o respeito à dignidade do empregado e à liberdade que lhe é reconhecida no plano constitucional.

Finalmente, firmou que é dever do empregador e de seus prepostos respeitar o direito subjetivo do empregado à intimidade, pois, sua inserção no processo produtivo não lhe retira os direitos de personalidade, cujo exercício pressupõe liberdades civis.

Neste outro julgamento, com publicação do site do TST, desta feita em data mais recente, o que mostra a evolução da consolidação do entendimento, em 13.4.05, não foi diferente. Vejamos:

O ministro *Antonio Barros Levenhagen*, da Quarta Turma do Tribunal Superior do Trabalho, esclareceu que é de R$ 10 mil e não de cinco salários mínimos o valor da indenização por danos morais a ser pago pela Marisa Lojas Varejistas Ltda. a uma ex-funcionária que era submetida diariamente a quatro revistas íntimas. A medida tinha por objetivo coibir eventuais furtos de mercadorias na loja Marisa de Santo André (SP).

A primeira revista era realizada no início da jornada de trabalho, quando a empregada era obrigada a mostrar a cor e o tipo de suas roupas íntimas. Nas demais revistas — realizadas às saídas para o almoço, para o lanche e ao fim do expediente — além de verificar se alguma mercadoria estava sendo levada em bolsa, sacola ou presa ao corpo, a chefe de seção também conferia se a roupa íntima usada pela empregada era a mesma com que chegou para trabalhar.

O valor da indenização foi fixado em R$ 10 mil pelo TRT de São Paulo, por maioria de votos, depois de uma divergência em relação ao montante inicial sugerido pelo relator original (cinco salários mínimos). Mas os dois acórdãos (vencido e condutor) foram convergentes quanto à fundamentação, ou seja, quanto aos critérios que devem ser adotados pelo juiz no momento de arbitrar o valor da indenização por danos morais. Esses critérios são a reparação do dano causado e a prevenção da reincidência por parte do empregador.

Ao transcrever a fundamentação do TRT/SP em seu voto, o ministro *Levenhagen* reproduziu o teor do acórdão vencido, cuja fundamentação era a mesma do acórdão vencedor, com exceção do valor da indenização. "O voto condutor, no entanto, entendeu de fixar o valor da indenização em R$ 10.000,00. Embora faltasse a folha na qual fundamentara o arbitramento nesse valor, é fácil inferir ter adotado os mesmos fundamentos do voto vencido, dele divergindo apenas quanto ao montante da indenização que inicialmente fora fixado em cinco salários mínimos e ao final em R$ 10.000,00", esclareceu *Levenhagen*, ao fazer a retificação.

A notícia divulgada neste *site* no último dia 5 foi redigida com base no voto inicial do ministro *Levenhagen*. Como ainda não houve a publicação do acórdão da Quarta Turma, o ministro relator tem a prerrogativa de fazer os esclarecimentos, independentemente da provocação das partes. (RR 2671/2001-433-02-00.7)

Destarte, nota-se que a evolução do pensamento humano quanto à necessidade de se valorizar, acima de tudo, a pessoa humana, está a se alastrar pelas camadas mais elevadas do próprio poder e torna indiscutível a legitimidade dos atos que visem a coibir essas práticas abusivas de poder.

A 37ª Vara Criminal do Rio de Janeiro condenou o proprietário de uma fábrica de roupas íntimas femininas ao pagamento de multa elevada, pelo crime de constrangimento ilegal. Ele submetia 3.000 empregadas a revistas periódicas, ao final do expediente. O método era encaminhá-las em grupos de 30 a cabines e ali ordenava que lhes mostrassem as roupas íntimas para verificar se possuíam etiquetas. Quando estavam menstruadas deveriam mostrar a ponta do absorvente higiênico para provar que não eram peças escondidas no local (BARROS, 2005, p. 561).

O Ministério Público, por meio da portaria n. 9, de 23 de janeiro de 1996, em resposta à denúncia de Sindicato de Empregados do Distrito Federal, instaurou Inquérito Civil Público para averiguar violações à intimidade de empregados de uma loja de departamentos por meio de revistas constrangedoras. Após as diligências, foram arquivados os autos. Foi considerada lícita a regra de que todos os prestadores de serviços seriam submetidos a sorteio e os sorteados vistoriados quando deixassem a loja. O contato físico e o desnudamento eram vedados. Os empregados deveriam mostrar o conteúdo das bolsas e dos bolsos, retirar os sapatos, abaixar a calça até o joelho, abrir a calça e o cinto, levantar a camisa ou a manga e soltar os cabelos (BARROS, 2005, pp. 561-2).

Entre os argumentos daqueles que entendem serem lícitas as revistas, diz-se que esta se justifica quando não advier de comodismo, mas que seja a única forma de salvaguardar o patrimônio da empresa ou a segurança das pessoas. Isso não de uma forma genérica, mas desde que hajam circunstâncias concretas que justifiquem as revistas. Também há argumentos que dificultam a aceitação das revistas; o desenvolvimento tecnológico oferece meios para que se realizem as revistas sem violação da dignidade humana, como a colocação de etiquetas magnéticas nos produtos (*ibid*, p. 558).

Argumenta-se que, em decorrência do fenômeno terrorista no mundo e demais fatores que possam representar insegurança, pode-se aceitar as revistas na entrada do serviço em que pode haver detectores de metal que identificam a presença de objetos perigosos. Observe-se a colisão entre a hipótese e a vedação de que haja comodismo do empregador na prática da espécie de revista. Em tal caso, havendo um sinal indiciário de presença de objeto que possa acarretar perigo, há quem entenda a legitimidade da revista pelo empregador ou seus prepostos (*ibid*, pp. 559-60).

As revistas íntimas realizadas em objetos e armários reservados para uso dos empregados no estabelecimento comercial, tais como armários, mesas, gavetas, arquivos, escrivaninhas, ou até mesmo veículos, são outra forma comum de violação da intimidade dos empregados. Sem dúvida, trata-se de prática flagrantemente constrangedora (BARROS, 1997, p. 77).

Desde que o empregador destine espaços exclusivos para que os empregados agasalhem objetos de uso pessoal, ele se obriga, automaticamente, a respeitar sua intimidade. Ademais, como bem observa *D'Aoust* (1997), algumas atitudes do empregador revelam um clima de confiança em que são criadas situações que exigem espontaneamente ceder a seus interesses. A revista realizada nestas circunstâncias implica violação da intimidade do empregado, o que esbarra na ordem constitucional brasileira (BARROS, 1997, p. 77-8).

Vale fazer referência a uma decisão adotada pela segunda turma do Tribunal Superior do Trabalho, TST, que manteve uma condenação imposta à Empresa Expresso Queiroz Ltda., pelo Tribunal Regional do Trabalho da Vigésima Quarta Região, confirmando decisão de primeiro grau pelos seguintes motivos: a trabalhadora foi admitida pela empresa em abril de 1998, para exercer a função de secretária. No dia vinte e seis de fevereiro de 1999, sem que ela estivesse presente no local, a sala em que trabalhava e pela qual era responsável foi aberta por um chaveiro acompanhado por representantes do Expresso Queiroz, que esvaziaram a sala e levaram, inclusive, seus objetos pessoais.

O Juízo acatou a tese da empregada de que passara por sofrimento injusto e grave que adveio da violação precipitada e criminosa de seu ambiente de trabalho. Publicado em 25.6.04, no *site* do TST.

Notícias do Tribunal Superior do Trabalho

25.6.2004

Expresso Queiroz é condenada por danos morais

A Segunda Turma do Tribunal Superior do Trabalho manteve a condenação da transportadora Expresso Queiroz Ltda. ao pagamento de indenização por danos morais a uma ex-empregada. A trabalhadora sentiu-se ofendida porque a empresa determinou que um chaveiro abrisse a porta do escritório onde trabalhava e trocasse a fechadura para que ela não mais tivesse acesso ao local. A decisão do órgão seguiu o voto do relator, juiz convocado Décio Sebastião Daidone, e negou provimento a agravo de instrumento da transportadora.

A trabalhadora foi admitida pela empresa em abril de 1998 para exercer a função de secretária. No dia 26 de fevereiro de 1999, sem que ela estivesse presente ao local, a sala em que trabalhava e pela qual era responsável foi aberta por um chaveiro, acompanhado por representantes da Expresso Queiroz, que esvaziaram a sala e levaram, inclusive, seus objetos pessoais.

A empregada afirmou que só tomou conhecimento do fato no dia 29 de fevereiro, quando se dirigiu ao local. A secretária alegou ter passado por "sofrimento injusto e grave que adveio da violação precipitada e criminosa do seu ambiente de trabalho". A trabalhadora lembrou ainda que só foi dispensada do emprego em 12 de março de 99, "após o ato delituoso e a representação criminal formalizada pela mesma".

A primeira instância condenou a empresa a pagar indenização por danos morais no valor de R$ 7 mil à trabalhadora. A empresa argumentou que quando da invasão do escritório, já não tinha mais interesse nos serviços da secretária, que esta teria se recusado a devolver as chaves e que o escritório estaria fechado há mais de um mês. O Tribunal Regional do Trabalho do Mato Grosso do Sul (24ª Região) não retirou a condenação da empresa mas reduziu o valor da indenização de R$ 7 mil para R$ 3.130,00.

A empresa recorreu ao TST sob a alegação de que a decisão feriu o art. 5º, XXII, que trata do direito à propriedade ao atribuir a uma simples funcionária direitos sobre bem alheio. Dessa forma, alegou que não precisaria de consentimento expresso da empregada para entrar em imóvel de sua propriedade, nem tampouco, poderia ter sido condenada pelo ato.

Sobre os bens da empregada que estavam no escritório, os representantes da Expresso Queiroz esclareceram que os pertences foram encaminhados à sede da empresa, e que sempre estiveram à disposição da secretária. No agravo de instrumento, a empresa esclareceu ainda que quando o escritório foi aberto pelo chaveiro, a empregada já não prestava serviços à empresa há aproximadamente 20 dias.

Segundo o relator do recurso, juiz convocado Décio Sebastião Daidone, "é da competência das instâncias ordinárias a apuração dos fatos e a determinação das provas, competindo legal e legitimamente aos juízes destas instâncias a liberdade para apreciar e valorar tais elementos". Nesse caso, para alterar a decisão do TRT/MS seria preciso revolver fatos e provas, o que é vedado pelo Enunciado n. 126 do TST. (AIRR 220/2002)

Para parte da doutrina seria lícito fazer tais revistas desde que em circunstâncias que se destinassem à salvaguarda efetiva do patrimônio do empregador ou como medida de segurança dos demais empregados. Dentre os objetos nos quais, nessas condições, seria legítimo fazer as revistas se incluem os veículos dos trabalhadores que, pelas suas características, poderão ser adequados para ocultar os bens da empresa (BARROS, 1977, p. 78).

Mais adequado à legitimidade jurídico-social, no entanto, só seriam admitidas quaisquer espécies de verificações em estado de flagrância ou diante de indícios de autoria e sob observação policial. Não há como entender que sejam legítimas tais espécies de verificações se realizadas pelo próprio empregador, pelas razões ao norte evidenciadas e bem elaboradas no voto do Ministro *Dalazen*.

O patrimônio imaterial e material do cidadão, somente pode ser vistoriado quando este assim o consentir, entretanto, no âmbito da subordinação, deve estar vedada a prática, diante do vício de consentimento que emana do estado de subordinação.

As investigações realizadas por meio de revistas íntimas poderiam até ser justificadas se houvesse um indício de prática ilícita e em estado de flagrância, jamais em condições corriqueiras e cotidianas. São e devem ser consideradas como verdadeira atividade de polícia privada, o que não se coaduna com o arcabouço jurídico pátrio tampouco com a consciência ético-jurídica mundial hodierna, que surgiu a partir do sofrimento imposto à humanidade.

A despeito da lógica sistemática que governa a órbita jurídica pátria, os tribunais e a doutrina, como regra geral, têm abraçado a tendência de considerar como um modo de cautela lícito, as revistas que se verifiquem na saída do trabalho, por meio de critérios de seleção objetivos daqueles que serão investigados tais como, por exemplo, sorteios, numeração etc., mediante determinadas garantias, como a presença de um representante dos empregados, ou, na ausência deste, de um colega de trabalho, para impedir abusos. Deve-se também estar certo de que as revistas se façam na presença de pessoas do mesmo sexo para que se evitem circunstâncias constrangedoras (BARROS, 2005, p. 558).

Veja-se a respeito a seguinte decisão:

> Rescisão do contrato de trabalho. Justa causa inocorrente. A empresa pode acautelar-se, determinando que seus empregados submetam seus pertences à revista, antes de abandonarem o local de trabalho. A recusa por parte da empregada, porém, é lícita, quando tal ato passa a envolver circunstâncias que afrontam a dignidade do ser humano. (TRTSC RO-V-A-1.389/91 1ª T., 12ª Região Rel. Juiz Arthur E. Kilian, publicado no DJSC de 4.11.92).

Neste caso, a empregada não permitiu que fosse vistoriado seu guarda-pó porque enrolava uma calcinha de forro de pano devido à menstruação, e estavam presentes apenas a empregada e um guarda, que, ao depor, informou que foi a primeira vez que ela se negara à revista em mais de cinco anos de trabalho. Declarou o tribunal que a revista deve resguardar a dignidade do ser humano e que o motivo apresentado pela empregada para a recusa era compreensível. Mas, infere-se que o juízo entende legítima a atitude de se fazerem as revistas (BARROS, 1997, pp. 78).

A decisão é absurdamente ilegal e injustificável. Não há como resguardar a dignidade humana procedendo-se a revistas físicas nos corpos ou em espaços reservados. Interpretação diversa torna o sistema incoerente. O simples fato de submeter alguém a tais constrangimentos, por si só, é idôneo bastante à aplicação de compensações diversas. É legitimar o cometimento de assédio às honras dos empregados e um desrespeito à função social da propriedade, que, em se verificando no âmbito da propriedade imóvel rural, enseja sua desapropriação.

Na Argentina, a Lei do Contrato de Trabalho n. 20.744, no art. 70, prevê que os controles do pessoal feminino deverão estar reservados, exclusivamente, a pessoas do mesmo sexo (BARROS, 1977, pp. 78-79). Não se pode considerar legítima a espécie diante do sistema ético-jurídico mundial que emergiu após a Segunda Guerra Mundial e, também, diante da universalidade dos direitos humanos como é o de intimidade.

Ao cabo e ao fim, há quem considere que apenas as revistas indiscriminadas e sem motivo imediato se chocam com uma característica própria do contrato de emprego, pois quando se contrata alguém para prestar serviços à determinada empresa, depois de um processo de seleção, estabelece-se entre os atores da relação um elo fiduciário recíproco que é fundamental para o desenvolvimento da relação empregatícia e sucesso de seus vários aspectos, caso contrário o processo de trabalho se torna inviável. A fidúcia recíproca constitui, acima de tudo, uma obrigação contratual, cuja falência autoriza a ruptura do vínculo pela parte que não deu causa a sua perda (SIMÓN, 2000, p. 149).

Os seres humanos empregados passam, geralmente, oito horas à disposição de seus empregos, o que representa um terço do tempo de um dia, razão pela qual tem necessidade de guardar objetos de uso pessoal. Assim, pela mesma razão que justifica a mitigação do direito de propriedade do locador que não pode entrar no imóvel alugado, o empregador não poderá fiscalizar, sem consentimento do empregado, os seus bens e locais reservados.

Isso reflete a nova dimensão da noção constitucional de domicílio que é ampla e não pode ser confundida com a antiga e tradicional concepção teórica de seu sentido. Hodiernamente sua noção deve partir da observação daquilo que o domicílio significa para o indivíduo. Este deve ser entendido, atualmente, com sentido mais amplo do que aquele atrelado ao de residência. Não é apenas âmbito de recolhimento para proteção da intimidade, mas, sob avaliação constitucional, compreende-se também como entidade que permite a exclusão de pessoas indesejadas. Mesmo que não se esteja referindo à moradia habitual, incluído aí o automóvel (*ibid*, p. 150). É manifestação evidente na caracterização do instituto, o intento de proteção ampla do direito de intimidade.

Sob esse contexto que reflete, conforme acima dito, perspectiva constitucional, estão incluídos não só as habitações como as adjacências e outros lugares mesmo que de natureza precária e meramente ocasional, seja fixada moradia, assim como, sedes de associações de qualquer natureza dos estabelecimentos industriais.

É justamente esse o sentido do entendimento adotado pelo STF, no qual essa referência ampla da noção de casa se revela plenamente consentâneo com a exigência constitucional de proteção à esfera de liberdade individual e de privacidade pessoal. É por essa razão que a doutrina, ao destacar o caráter abrangente desse conceito jurídico, adverte que o princípio da inviolabilidade estende-se ao espaço em que alguém exerce, com exclusão de terceiros, qualquer atividade de índole profissional (STF — Pleno — Ação Penal n. 307-3-DF, serviço de Jurisprudência do STF, Ementário STJ n. 18.094-11) (SIMÓN, 2000, p. 150).

Uma demonstração clara de que o conceito de garantia de inviolabilidade domiciliar não deve se restringir, mas ampliar para compreender, de forma geral, os locais reservados, é dada pela jurisprudência que exige ordem judicial de busca para a abertura de um cofre, com cadeado, cedido pelo empregador para que ali se guardem objetos pessoais.

O objetivo perseguido pela ordem jurídica nesse fato é resguardar o ambiente em que o homem se movimenta, outorgando-lhe, assim, uma esfera de privacidade e intimidade para o desenvolvimento normal de sua personalidade sem interferências alheias (*ibid*, p. 150).

Portanto, uma relação em que um homem presta serviços a outro, somente poderá ser considerada saudável e, assim, capaz de produzir um mundo caracterizado pelo bem-estar, no qual esteja respeitada a dignidade humana e seus direitos fundamentais, se obedecer a uma pertinente hierarquização de valores, em que a dignidade humana ocupe o patamar mais elevado.

Para tanto, deverá ser destinada uma consideração de confiança total aos empregados, mantendo-os livres de constrangimentos fiscalizatórios em seus corpos e roupas, em seus espaços privativos e sobre seu patrimônio material e imaterial, observada a sua presunção de inocência e honestidade, pois o inverso caracteriza uma afronta desrespeitosa à incolumidade moral e social humana.

Esse é o sentido que deve nortear o pensamento, pois a desconfiança encaminha o homem à delinqüência. A confiança é fator de influência que pode recuperar o próprio delinqüente tornando-o um homem honesto. Se a ordem jurídica tende à construção de cidadãos que possam viver em paz, harmonia e bem-estar, nada mais importante para tal formação do que fazer valer, na prática, a observação dos direitos humanos como propiciador da verificação daquele território. Os valores econômicos estão situados em patamar importante, mas certamente destruirão o sistema se forem postos acima do homem. Conforme verificamos, a formação da classe proletária se deveu a uma necessidade da burguesia, assim, quanto mais elevado for o nível da classe proletária, melhor será para os empresários e para a sociedade de modo geral.

5.2 VERIFICAÇÃO DO COMPUTADOR E ESCUTA TELEFÔNICA

Os computadores assim como os telefones são instrumentos de trabalho indispensáveis a qualquer empreendimento. Por outro lado são meios pelos quais se torna possível vulnerar a intimidade dos empregados. Meios de comunicação e de colheita de informações devem ser utilizados para a consecução dos objetivos empresariais, mas não é possível vedar de modo absoluto a comunicação pessoal do empregado.

5.2.1 Escuta telefônica

Outra forma de violação da intimidade do empregado tem se verificado na prática empresarial de recorrer a escutas telefônicas. A comunicação telefônica é inviolável, exceto por ordem judicial para fins de investigação criminal ou instrução processual penal e nas estritas hipóteses em que a lei estabelece. O art. 5º, XII, da Constituição Federal, garante o sigilo das comunicações pessoais, correspondências, comunicações telegráficas, dados de informática e comunicações telefônicas, como meio de proteção da intimidade e privacidade. O conteúdo, número dos telefones e o fluxo das ligações representam aspectos da privacidade e não ao sigilo das comunicações (ARAÚJO e NUNES, 2004, p. 129).

Em se tratando das relações de trabalho entende-se que, durante a jornada de trabalho, o empregado está restrito a tratar de assuntos empresariais e, dessa forma, autoriza o empregador a ouvir suas conversas telefônicas. Na Inglaterra, a colocação de escutas telefônicas nos aparelhos é legal, desde que o patrão não intervenha na linha. Essa política é inaceitável frente a carga humanística universal que molda o direito de intimidade.

No Brasil, escutar a conversa dos empregados é flagrantemente inconstitucional. Apesar disso, há parte da doutrina que entende ser possível a escuta se o telefone for utilizado exclusivamente para o trabalho (SIMÓN, 2000, p. 153).

A regra estabelecida constitucionalmente (BRASIL, Constituição art. 5º, II) respeita a dignidade e a intimidade humanas nesse sentido e a quebra do sigilo não pode ser interpretada de modo diferente da gênese do sistema, muito menos de que o estado de subordinação a legitimaria, deve ser observada a hierarquia lógico-jurídica de normas e valores. Não há nenhuma disposição normativa de hierarquia idônea que possa contrariar ou mitigar o sentido de seus termos para ser aplicado com ressalvas ou condicionamentos.

Na realização de conferências telefônicas em que participam várias pessoas (ouvintes) a investigação dos conteúdos assume forma de fiscalização. O empresário tem meios de aferir se seus empregados estão adotando comportamento segundo as ordens determinadas, e isso é uma prática legítima, assim como a do empregado receber ou originar ligações, conforme a norma constitucional. Caso isso ocorra com rigor excessivo há a possibilidade de rescisão indireta do contrato de trabalho.

O mais importante é que haja coerência e liame entre a limitação, para evitar prejuízos empresariais e pessoais aos empregados com a adoção de medidas necessárias para conter abusos, como bloqueios de ligações para celular ou limites de tempo de duração das chamadas, com o fim de garantir o nível de produtividade e de economia.

Entretanto, se o empregado utiliza o telefone de forma abusiva estará violando seu dever de diligência, o que pode autorizar sua dispensa por justa causa, pois ao empregador é assegurado o direito de exigir do empregado que seja diligente, produtivo e cumpridor de seus deveres ocupacionais (BARROS, 1997, pp. 84-5).

5.2.2 Uso da Internet e caixa de e-mail

Outro aspecto importante da proteção ao direito de intimidade dos empregados que tem sido relegado em favor do direito de propriedade, diz respeito à possibilidade de verificações em caixa de correspondência eletrônica e o destino das navegações pela *Internet*.

São investigações acerca de o que e com quem o empregado se comunica. Aplica-se à defesa desses direitos tudo o que acima já se mencionou sobre a impossibilidade de proceder-se às escutas telefônicas. Há empresários que entendem que, durante o horário de trabalho, ou seja, em regra durante metade do tempo do dia que o empregado passa acordado, estes devem estar exclusivamente voltados para suas tarefas profissionais.

O trabalhador não se despe das diversas obrigações que assume socialmente, dentre estas as inerentes à paternidade e maternidade, que são obrigações das mais importantes no Brasil, tuteladas por isso em nível constitucional (BRASIL. Constituição, 1988, art. 227, *caput*). Também não se pode impedir que o empregado se ausente do exercício de suas tarefas para se comunicar, fazer suas necessidades fisiológicas, alimentar-se etc.

A comunicação de natureza pessoal é uma fonte de vida do ser humano, é a emanação de sua alma, meio de conexão com a sociabilidade, enfim, é um exercício necessário à preservação da dignidade humana. Os meios eletrônicos são apenas formas de exercício da personalidade humana.

Também a utilização da *Internet* seja como meio de comunicação, seja como modo de dinamizar a atividade empresarial tem criado uma série de polêmicas sobre a necessidade de respeito à intimidade dos trabalhadores. Nesse mister, diversos aspectos dessa questão devem ser analisados.

O que se encontra em debate é a inviolabilidade da intimidade do ser humano, do trabalhador. A natureza personalíssima desse direito fundamental e universal, não se restringe ao espaço externo à empresa, compreende também o ambiente de trabalho e todos os aspectos da dinâmica dessa espécie relacional, inclusive a utilização da *Internet*.

Conforme se observou no capítulo relativo à afirmação histórica dos direitos humanos — evolução — foi do sofrimento e dos massacres, decorrentes dos episódios mais violentos da história, que nasceu a consciência da necessidade da imposição de respeito à dignidade humana. A evolução da coincidência dos direitos humanos configurou-se também com o aparecimento das novas tecnologias. Fala-se hoje, ainda que embrionariamente, dos direitos de 5ª geração, que são os decorrentes do uso da moderna tecnologia. Será que vai ser necessário um massacre psicológico para que haja a consciência da necessidade da preservação da dignidade frente à modernização tecnológica? Será que a lição não foi aprendida?

A privacidade do trabalhador deve ser preservada de maneira integral, pois, o desenvolvimento da personalidade humana, o exercício da liberdade de pensamento e expressão, o direito à crítica com relação às atividades da empresa, fazem parte de uma natural reação do seu engajamento no processo produtivo, e isso se verifica até mesmo em proveito do sucesso do empreendimento e do aperfeiçoamento do empregado e do ser humano em sua atividade social, por isso essa liberdade depende, necessariamente, de uma ampla proteção da privacidade.

A legítima intromissão na vida privada se dará, excepcionalmente, desde que seja precedida de um fundamento de interesse público. Não é possível violar a intimidade para atender ao interesse privado ou meramente econômico. A privacidade é também um dos elementos da autodeterminação inerente a qualquer ser humano. Por isso que as informações pessoais só deverão ser divulgadas com autorização ou por motivação pública, amparada em preceitos jurídicos relevantes.

Conforme observa o autor *Paiva* (2002), a *Internet* e sua tecnologia foram rapidamente incorporadas às empresas como instrumentos de desenvolvimento do empreendimento. As empresas se utilizam desse novo meio de comunicação para desenvolver a produção com vantagens que geram maior eficiência para as suas atividades.

Já se pode dizer, e está comprovado, que o empregado pode tornar-se muito mais produtivo com o uso da *Internet*. Diversos instrumentos de trabalho ficam disponíveis a um simples toque de botão. São transações, obtenções de informações valiosas, documentos importantes, visualização de ambientes e pessoas distantes, gerenciamento de subsidiárias à distância, treinamentos, acompanhamentos de processos, emissão de certidões, enfim, cria-se uma série de situações propícias à pronta realização de tarefas cuja implementação, antes de seu advento, exigiriam maior atividade.

Como toda ferramenta de trabalho, esta deve ser utilizada para realizar os objetivos empresariais, sem, entretanto, desrespeitar os direitos mínimos dos trabalhadores. Neste mister, no Brasil e no exterior, têm-se verificado a dispensa de empregados sob o fundamento de que estariam utilizando indevidamente as ferramentas tecnológicas. Argumenta-se que são fornecidas pelos empregadores aos trabalhadores para uso exclusivo no desempenho de suas funções (PAIVA, 2002).

As empresas que utilizam os recursos da *Internet* passam por situações de má utilização da rede de computadores pelos empregados: são casos de acesso a sites pornográficos, envio de mensagens ofensivas, humorísticas ou pornográficas que podem acarretar um desconforto no ambiente de trabalho e produzir queda da produtividade, pois, com tais práticas, há relativa desconcentração e desvirtuamento das atividades laborativas sem uma justificativa razoável, desperdiça-se tempo com assuntos não relacionados ao trabalho, além de se tornar improdutivo sob qualquer ótica.

Pesquisa realizada pela *Revista InfoExame* e a PricewaterhouseCoopers, com as 836 maiores empresas brasileiras apontou que 25, 5% das companhias já despediram pelo menos um funcionário por uso inadequado da *web* ou do *e-mail* (PAIVA, 2002).

Devido a todo esse quadro de problemas é que se verificou o aumento da ação fiscalizadora dos empregadores por meio do monitoramento das ações dos empregados no local de trabalho com relação ao acesso à *Internet*, inclusive por meio do controle dos hábitos de navegação, de verificação do destino e até do conteúdo das mensagens eletrônicas, e com isso cresceu a polêmica sobre a questão.

Intimamente ligada à questão da violação do *e-mail* está o assédio moral. Este se constitui na exposição dos trabalhadores e trabalhadoras a situações humilhantes e constrangedoras, repetitivas e prolongadas durante a jornada de trabalho e no exercício de suas funções, sendo mais comuns em relações hierárquicas autoritárias e assimétricas, em que predominam condutas negativas, sem ética, relações desumanas de longa duração de um ou mais chefes dirigida a um ou mais subordinados, desestabilizando a relação da vítima com o ambiente de trabalho, forçando-o a desistir do emprego (MISTRONGUE e KERSTEN, 2004, pp. 318-9).

É na degradação deliberada das condições de trabalho que se identifica a prática de assédio moral, considerado um fenômeno internacional. Fala-se na aplicação dos ideais de Maquiavel no ambiente de trabalho. A OIT e países desenvolvidos reconhecem a situação. Pesquisas apontam para distúrbios da saúde mental, depressões, angústias e outros danos psíquicos relacionados ao assédio (*ibid*, p. 318).

Dentre as conseqüências concretas no ambiente de trabalho da era globalizada e digitalizada estão a imputação de hostilidades, ridicularização, humilhação, culpa etc., no que tange ao empregado, fazendo este perder a auto-estima e tendo por vezes violada sua intimidade, vivendo um risco invisível, mas concreto nas relações de trabalho.

A invasão da esfera privada de uma pessoa é um dos mecanismos utilizados para tornar vulnerável a própria identidade do indivíduo. No trabalho não é diferente e a violação de e-mails sem dúvida vem afirmar o império do assédio moral nas relações laborativas de nosso país (*ibid*, p. 318).

A relação entre informática e privacidade vem regulamentada em alguns países como Estados Unidos, Suécia, Alemanha, Grã Bretanha, Canadá, Holanda, Irlanda, França e Itália.

Nos Estados Unidos, a matéria é tratada na Constituição e Legislação Federal. A emenda n. 40, IV, § 1º, dispõe que o direito do cidadão é tutelado quanto à sua personalidade, domicílio, documentos e bens, contra injustas violações e apreensões. Em um caso entre dois personagens, a Suprema Corte acolheu esse dispositivo em circunstância de que o empregador rastreou os e-mails de seus empregados. Ainda nessa legislação se encontra regulamentação (ECPA — ato de privacidade nas comunicações eletrônicas) que proíbe a interceptação desautorizada e comunicações eletrônicas durante a sua transmissão a outrem e ainda a informações sobre sites visitados e informações obtidas (*ibid*, p. 319).

Na Suécia, a Constituição prevê a absoluta proteção de *e-mail*, referindo que os cidadãos serão protegidos contra violações da integridade física ou de domicílio e outros abusos da mesma natureza; é contra também as escutas telefônicas.

Na Itália, a doutrina entende que há disposição constitucional que permite interpretação sistemática no sentido de vedar violações nos *e-mails*. Trata-se do art. 15, que estabelece que a liberdade e o sigilo de correspondência de outra forma de comunicação é inviolável. As suas limitações podem surgir tão-somente por ato motivado da autoridade judiciária e com fulcro na norma legal. Além do texto constitucional há na Itália, uma Lei Federal que prevê regulamentação sobre a segurança de dados via *Internet*, protege o cidadão frente à recepção de dados eletrônicos (*ibid*, p. 319).

Ao que se percebe, no contexto internacional a tendência é entender como lícitas às verificações, na Itália e na Alemanha, os tribunais têm autorizado as dispensas com base na verificação das caixas de *e-mails* e nos Estados Unidos, onde se constatou que em vários estados a subscrição de provedor é suficiente para haver o monitoramento.

Na Inglaterra, por meio de lei, foi autorizado o monitoramento de *e-mails* e telefonemas por empregadores, o que viola diretamente os direitos humanos.

Independentemente de qual seja o Estado, as justificativas legais em favor do monitoramento de *e-mails* são iguais: que o sistema pertence à empresa, que o custo do sistema é suportado pela empresa, que a Companhia é responsável pelos atos de seus funcionários, além das questões sobre o poder empregatício. Estes argumentos vêm convencendo os julgadores (*ibid*, p. 319).

No Brasil, não há legislação específica sobre a violação da intimidade por meio da verificação dos *e-mails* dos empregados, apenas a Constituição Federal o faz genericamente na proteção dos direitos fundamentais. Também a norma descrita no inciso XII do art. 5º é dirigida à proteção da intimidade dialética de um modo geral, pois visa a proteger o sigilo de correspondência sem indicar a espécie, portanto abarca todos os modos de correspondência, inclusive a eletrônica (*ibid*, p. 318).

A utilização da *Internet* no ambiente de trabalho pode ser controlada por meio de uma série de ações do empregador, como programas espiões os quais acompanham os passos dos empregados no sistema, verificam os *sites* navegados e os conteúdos das mensagens, com o intuito de impedir o uso indevido durante a jornada de trabalho.

Dados de pesquisa mostram que a maioria (51, 4%) das empresas monitora a navegação na Internet e 30, 9% os *e-mails*; as estatísticas comprovam que 31% das mensagens são de conteúdo inadequado, como piadas correntes, pornografias, segundo o instituto de pesquisa americano Worldtalk Corp (PAIVA, 2002).

Outra razão é que o uso excessivo dos recursos tecnológicos na empresa para entretenimento dos empregados causa desperdício e congestiona o tráfego na rede prejudicando a produção do empreendimento. Exercer de modo coerente a fiscalização das atividades dos empregados na rotina de trabalho não chega a reduzir sua liberdade nem invadir sua privacidade.

Assim, há autores que entendem com fundamento no poder diretivo do empregador (art. 2º, CLT), que é possível vedar a utilização da *Internet* para atividades improdutivas, isto é, que não se relacionem com os objetivos da empresa, mas, geralmente neste mister, desconsideram que a empresa se constitui em ente social e, portanto, deve prover uma gama de interesses que vai além de sua produtividade.

A garantia constitucional do sigilo da correspondência e das comunicações de dados visa, segundo escólio de (SILVA, 2004, p. 416), assegurar a livre manifestação do pensamento e a intimidade do indivíduo.

Uma questão que tem gerado controvérsias entre os juristas diz respeito ao controle sobre o conteúdo das correspondências eletrônicas recebidas e enviadas pelo trabalhador. A jurisprudência pátria ainda não está pacificada sobre o assunto. Veja-se o teor das seguintes decisões sobre a matéria, *in verbis* (PAIVA, 2002):

> "JUSTA CAUSA. *E-MAIL* NÃO SE CARACTERIZA COMO CORRESPONDÊNCIA PESSOAL.
>
> O fato de ter sido enviado por computador da empresa não lhe retira essa qualidade mesmo que o objetivo da empresa seja a fiscalização dos serviços. O poder diretivo cede ao direito do obreiro à intimidade (CF, art. 5º, inciso VIII). Um único

e-mail, enviado para fins particulares, em horário de café, não tipifica justa causa. Recurso provido." (Tribunal Regional do Trabalho da Segunda Região — SP — 6ª Turma — ROPS — 20000347340, ano: 2000, publicado no D.J. em 8.8.00. Fonte: IOB — 16483)

EMENTA: JUSTA CAUSA. *E-MAIL*. PROVA PRODUZIDA POR MEIO ILÍCITO. NÃO-OCORRÊNCIA. Quando o empregado comete um ato de improbidade ou mesmo um delito utilizando-se do *e-mail* da empresa, esta em regra, responde solidariamente pelo ato praticado por aquele. Sob este prisma, podemos então constatar o quão grave e delicada é esta questão, que demanda a apreciação jurídica dos profissionais do Direito. Enquadrando tal situação à Consolidação das Leis do Trabalho, verifica-se que tal conduta é absolutamente imprópria, podendo configurar justa causa para a rescisão contratual, dependendo do caso e da gravidade do ato praticado. Considerando que os equipamentos de informática são disponibilizados pelas empresas aos seus funcionários com a finalidade única de atender às suas atividades laborativas, o controle do *e-mail* apresenta-se como a forma mais eficaz, não somente de proteção ao sigilo profissional, como de evitar o mau uso do sistema *internet* que atenta contra a moral e os bons costumes, podendo causar à empresa prejuízos de larga monta" (Tribunal Regional do Trabalho da 2ª Região — Distrito Federal — 3ª Turma — RO 0504/2002. Fonte: Centro de Excelência em Direito e Tecnologia da Informação)."

Há autores que consideram a violação da correspondência eletrônica flagrantemente uma forma ilícita de obtenção de prova (RIBEIRO, 2004, p. 109). Sem dúvida é a orientação que mais se mostra adequada aos ditames constitucionais e ao sentido fundamental que a natureza da previsão positiva guarda.

Considerando o conteúdo das decisões no que se refere ao tema da violação do direito à privacidade dos empregados pelos empregadores, quando verificam o conteúdo das correspondências eletrônicas, cumpre observar o seguinte:

• para os que defendem a autorização legal do monitoramento — a possibilidade se funda em que toda a estrutura de utilização do *e-mail* pertence à empresa, portanto os dados colhidos também são de sua propriedade;

• que o poder de direção do empregador fundado no direito de organização, controle e disciplina, admite a interceptação das mensagens;

• que, uma vez responsável pelos atos de seus funcionários (art. 932, III, do Código Civil), a empresa, no exercício preventivo de sua responsabilidade, tem legítimo direito de exercer a fiscalização e leitura das mensagens que circulam na rede de computadores do empregador; e

• finalmente, que o *e-mail*, por sua própria dinâmica funcional, não guarda privacidade, já que qualquer administrador do provedor por onde transitou a mensagem pode lê-lo.

Estamos convencidos, porém, de que a invocação do direito de propriedade e a descaracterização da mensagem como não privada, devido ao fato de ter sido gerada nos computadores da empresa não resiste a uma análise analógica. Os telefones e as respectivas linhas também são da empresa e seu uso deve ser direcionado aos propósitos do negócio e também é flagrante a ilicitude da utilização de escutas telefônicas sem autorização judicial nas empresas para tomar conhecimento das conversas do empregados (RIBEIRO, 2004, pp. 101-2).

O fato é que o direito de propriedade deve ceder à garantia da privacidade das comunicações que, embora não absoluta, só pode ser relativizada por meio de ordem judicial.

O monitoramento do *e-mail* do empregado impede o exercício do direito à liberdade de expressão, do direito à crítica e até de reflexão sobre as condições de trabalho, e principalmente o direito do empregado de que suas manifestações somente sejam conhecidas pelas pessoas que eleja para tanto, de sorte que a interceptação das mensagens impede que o trabalhador possa discutir sobre as formas de desempenho das funções, os desgostos com os superiores, a ilegitimidade de uma prática ilícita e a reivindicação por melhores condições de trabalho. Essas práticas estão inseridas em sua liberdade social (PAIVA, 2002).

Considerar legítimo o acesso pelo empregador ao conteúdo das mensagens recebidas ou enviadas pelos empregados é exigir-lhe uma postura conformista diante do órgão empresarial que tem por obrigação atuar de maneira ética e de acordo com uma finalidade social. O monitoramento irrestrito do conteúdo das mensagens eletrônicas conduz a um controle abusivo sobre a própria personalidade do trabalhador (PAIVA, 2002).

Quanto ao argumento de que o administrador do sistema pode facilmente ver o conteúdo do *e-mail*, não havendo, portanto, como se falar em comunicação privada, por analogia se deve observar o tratamento dispensado para as ligações telefônicas.

Tanto a comunicação efetuada via telefone celular quanto a de linha convencional são facilmente interceptadas e podem ser ouvidas por qualquer pessoa que possua o pertinente conhecimento técnico, inclusive pela pessoa que administra as ligações na operadora. Ora, isso nunca foi motivo para se considerar impertinente a proteção dada pela Constituição Federal. O que caracteriza a privacidade da comunicação é a sua emissão a destinatário ou destinatários certos, com a intenção de não-divulgação para terceiros, e isso acontece com a comunicação realizada via *e-mail* (PAIVA, 2002).

Os indícios de má utilização dos equipamentos da empresa, de modo geral, devem ser baseados em critérios objetivos: a freqüência com que se verificam comunicações de caráter pessoal e a queda de produtividade.

Em uma situação de abuso será legítimo permitir ao empregador o controle, desde que ao investigar sejam preservadas todas as garantias necessárias ao respeito da intimidade e direitos fundamentais do empregado (SIMÓN, 2000, pp. 160-1).

Deve-se estar atento para a dificuldade de aplicação da justiça pelo fato de que, no sistema pátrio hodierno, não existe um regime de sanções para faltas relacionadas com o uso das novas tecnologias, tampouco normas tendentes à gradação da sanção pertinentemente oponível. Isso contribui para a proliferação da ignorância com o que não raro se produzem situações de arbitrariedade diante da falta de fundamentação direta que respalde qualquer defesa do sujeito mais frágil da espécie de relação social (PAIVA, 2002).

Inaceitável é que o poder de controle do empresário lhe confira poder de intromissão no conteúdo das comunicações de seus trabalhadores via *e-mail*, isso é absolutamente ilegítimo. Há imperiosa necessidade de serem estabelecidas regras, sejam legais ou convencionais que tutelem essas questões, sob pena de subverter o escopo maior do Estado de Direito que é a convivência pacífica dos cidadãos.

Devem ser respeitados os princípios básicos que regem qualquer contrato de emprego como, por exemplo, o da boa-fé, e outros pautados na exata consecução das relações de trabalho com todas as dimensões pelas quais se expende. Assim, no que diz respeito aos limites para o uso do correio eletrônico e *Internet* de modo geral, seja no contrato individual de trabalho, seja nas convenções coletivas de trabalho, as partes têm de estabelecer, de comum acordo, condições que regulem a utilização profissional do *e-mail* sem agredir às diretrizes tutelares do direito do trabalho e os direitos fundamentais e sociais dos trabalhadores. No entanto, jamais lhes será lícito violar direitos fundamentais destes empregados, tampouco por meio de sindicato.

Deve ser salientado pelo empregador que o *e-mail* não deve ser considerado como meio idôneo à comunicação pessoal abusiva e, se possível, pôr-lhe à disposição outros meios de comunicação que sejam livres da vigilância e controle empresarial, resguardando os parâmetros necessários para que não haja prejuízos consideráveis à empresa (PAIVA, 2002).

Por fim, não se pode olvidar que a dignidade humana constitui uma das finalidades do próprio Estado de Direito e, por conseguinte do Direito do Trabalho. Assim, todo jurista deve manter compromisso com a defesa dos direitos humanos, direcionando a exegese do texto legal e das situações passíveis de enquadramento jurídico no sentido de dar máxima proteção aos direitos fundamentais, rechaçando condutas que ameacem esses direitos, através de uma interpretação restritiva.

O direito do trabalho está passando por profundas transformações. A migração do modelo econômico fordista (Henry Ford) para o toyotista (*Eiji Toyota*) e deste para o gatista (*Bill Gates*) conduziu ao caos da legislação trabalhista. Essas transformações estão dentro de um âmbito mais amplo: o direito na *Internet*.

Estamos assistindo ao nascimento do direito tutelar das novas tecnologias, uma espécie de Ciência autônoma que atinge e influi em todos os ramos do Direito.

Há um impasse objetivo, uma vez que os protagonistas das relações trabalhistas, tanto os sindicatos como empresários, estão acostumados a um sistema de organização de trabalho próprio do fordismo, da grande empresa, do trabalho em cadeia, da produção baseada em compartimentos estanques e específicos, feição que não corresponde mais ao modelo atual de uma empresa moderna e competitiva, conforme já se mencionou, fala-se em gatismo (de *Bill Gates*).

A revolução tecnológica tem provocado uma onda de mudanças profundas no cenário da organização do trabalho. A indústria tem flexibilizado a distribuição dos turnos de trabalho, a mudança descentraliza a empresa, lhe proporcionando funcionamento através de sujeitos infinitamente pequenos e dispersos no território.

A questão pode ser assim problematizada:

• nossos especialistas e legisladores estão arraigados a velhos institutos tradicionais;

• os sindicatos estão amarrados, quanto a sua maneira de agir, a peias retrógradas, e, por isso, restam limitados em seu poderio de praticar mudanças e inserir cláusulas em convenções com o objetivo de estatuir uma maneira de operar as máquinas eletrônicas já que seria impraticável, nesse momento, a reprodução da atividade sindical feita nas grandes empresas, onde todos trabalhavam nos moldes de grandes cadeias, em concentrações massivas de trabalhadores, sistema que se costumou chamar de fordista.

Há um ordenamento jurídico inapto à conjuntura tecnológica e econômica hodiernas. Isso traz uma série de malefícios para o contrato de emprego e às relações de trabalho como um todo, pois, sem esta adaptação à realidade tecnológica e à organização do trabalho se está contribuindo para o retrocesso da economia à medida que se criam desestímulos legais para a implantação da tecnologia por gerar conflitos de difícil solução, que conduzem ao desânimo dos empregados, os quais acabam por sofrer violações nos direitos deixando assim de assegurar o mínimo de dignidade.

O problema se agiganta sob a incontestável premissa de que passamos por uma revolução cibernética que atinge em cheio as relações de trabalho sem a devida regulamentação. Nessa esteira os prejuízos se acumulam e os maiores prejudicados são os trabalhadores.

Recentemente circulou no noticiário do TST a informação de uma decisão que considerava lícita a verificação de uma caixa de *e-mails* de um empregado e confirmou uma justa causa devido às atividades do empregado.

Notícias do Tribunal Superior do Trabalho

16.5.05

TST admite que empresa investigue *e-mail* de trabalho do empregado

A Primeira Turma do Tribunal Superior do Trabalho reconheceu o direito do empregador de obter provas para justa causa com o rastreamento do *e-mail* de trabalho do empregado. O procedimento foi adotado pelo HSBC Seguros Brasil S/A. depois de tomar conhecimento da utilização, por um funcionário de Brasília, do correio eletrônico corporativo para envio de fotos de mulheres nuas aos colegas. Em julgamento de um tema inédito no TST, a Primeira Turma decidiu, por unanimidade, que não houve violação à intimidade e à privacidade do empregado e que a prova assim obtida é legal.

O empregador pode exercer, "de forma moderada, generalizada e impessoal", o controle sobre as mensagens enviadas e recebidas pela caixa de *e-mail* por ele fornecida, estritamente com a finalidade de evitar abusos, na medida em que estes podem vir a causar prejuízos à empresa, disse o relator, ministro *João Oreste Dalazen*. Esse meio eletrônico fornecido pela empresa, afirmou, tem natureza jurídica equivalente a uma ferramenta de trabalho. Dessa forma, a não ser que o empregador consinta que haja outra utilização, destina-se ao uso estritamente profissional.

Dalazen enfatizou que o correio eletrônico corporativo não pode servir para fins estritamente pessoais, para o empregado provocar prejuízo ao empregador com o envio de fotos pornográficas, por meio do computador e provedor também fornecidos pela empresa.

Demitido em maio de 2000, o securitário obteve, em sentença, a anulação da justa causa porque, para a primeira instância, a inviolabilidade da correspondência tutelada pela Constituição seria absoluta. Entretanto, o Tribunal Regional do Trabalho do Distrito Federal e Tocantins (10ª Região) deu provimento ao recurso do HSBC Seguros e julgou lícita a prova obtida com a investigação feita no *e-mail* do empregado e no próprio provedor.

De acordo com o TRT, a empresa poderia rastrear todos os endereços eletrônicos, "porque não haveria qualquer intimidade a ser preservada, posto que o *e-mail* não poderia ser utilizado para fins particulares". O ministro *Dalazen* registrou o voto revisor do juiz *Douglas Alencar Rodrigues*, do Tribunal Regional, no qual ele observa que "os postulados da lealdade e da boa-fé, informativos da teoria geral dos contratos, inibiriam qualquer raciocínio favorável à utilização dos equipamentos do empregador para fins moralmente censuráveis", ainda que no contrato de trabalho houvesse omissão sobre restrições ao uso do *e-mail*.

No voto, em que propõe que se negue provimento ao recurso (agravo de instrumento) do securitário, *Dalazen* esclareceu que a senha pessoal fornecida pela empresa ao empregado para o acesso de sua caixa de *e-mail* "não é uma forma de proteção para evitar que o empregador tenha acesso ao conteúdo das mensagens". Ao contrário, afirmou, ela serve para proteger o próprio empregador para evitar que terceiros tenham acesso às informações da empresa, muitas vezes confidenciais, trocadas pelo correio eletrônico. O relator admitiu a "utilização comedida" do correio eletrônico para fins particulares, desde que sejam observados a moral e os bons costumes.

Pela ausência de norma específica a respeito da utilização do *e-mail* de trabalho no Brasil, o relator recorreu a exemplos de casos ocorridos em outros países. No Reino Unido, país que, segundo ele, mais evoluiu nessa área, desde 2000, pela Lei RIP (Regulamentation of Investigatory Power), os empregadores estão autorizados a monitorar os *e-mails* e telefonemas de seus empregados.

A Suprema Corte dos Estados Unidos reconheceu que os empregados têm direito à privacidade no ambiente de trabalho, mas não de forma absoluta. A tendência dos tribunais norte-americanos seria a de considerar que em relação ao *e-mail* fornecido pelo empregador não há expectativa de privacidade.

Dalazen enfatizou que os direitos do cidadão à privacidade e ao sigilo de correspondência, constitucionalmente assegurados, dizem respeito apenas à comunicação estritamente pessoal. O *e-mail* corporativo, concluiu, é cedido ao empregado e por se tratar de propriedade do empregador a ele é permitido exercer controle tanto formal como material (conteúdo) das mensagens que trafegam pelo seu sistema de informática. (AIRR 613/2000)

O teor da decisão não se coaduna com a melhor aplicação dos direitos fundamentais e humanos. Não houve a consideração de que o meio utilizado para aferição das medidas tenha violado um direito fundamental da pessoa humana como é o da intimidade e que, por isso constitui prova ilícita. A decisão é, em algum sentido, contraditória com a fundamentação que lhe sustenta. Há um trecho em que o relator declara admitir-se a utilização comedida do correio eletrônico para fins particulares, desde que observados a moral e os bons costumes. Isso mostra que o fundamento da decisão considerou a natureza do conteúdo que as mensagens veiculavam e não a irregularidade da utilização do meio de comunicação para fins pessoais.

Ao se admitir a utilização comedida do meio comunicativo pelo empregado para fins pessoais, automaticamente isso conduz à obrigação de respeito à intimidade do empregado pelo empregador, pois, se é assunto de natureza pessoal não interfere no ambiente empresarial e foge do âmbito do poder de fiscalização empresarial.

É evidente que se um funcionário remete mensagens a outro abre mão de sua intimidade já que, ao outro, não é exigido ou vedado que exponha as mensagens; não é isso que se questiona. O que se acha contrário à melhor doutrina dos direitos fundamentais é a desconsideração do respeito à intimidade nas razões da fundamentação e o modo como se aferiu a veracidade das denúncias de má utilização da rede que efetivamente violou a intimidade.

Também o juízo acerca da moral e dos bons costumes deve ser avaliado de modo não discriminatório, mas essa questão já foge em parte do objeto desse trabalho.

CONCLUSÃO

O animal humano diferencia-se das demais espécies por ser dotado de inteligência. Dessa qualidade decorre a consciência espontânea da vontade como manifestação de uma liberdade inerente e inalienável. A liberdade de escolha traduz a condição básica da dignidade humana.

Sem dignidade não pode haver paz e sem paz jamais haverá bem-estar. Este estado de espírito é o objetivo natural da vida humana saudável.

O homem não é uma ilha isolada. Para vivificar sua personalidade plenamente ele precisa conviver com outros seres humanos; a sociabilidade é uma característica natural e necessária à sobrevivência da espécie.

Nas relações humanas devem ser estabelecidos limites à liberdade individual, cada ser humano terá de abrir mão de uma parcela de sua liberdade em prol da agregação social pacífica. Esta medida de doação deve ser idêntica para todos, pois os seres humanos merecem igual tratamento das regras de conduta.

Também natural é o estado de dependência absoluta do homem que, após nascer, somente conseguirá sobreviver e crescer se estiver aos cuidados de um adulto. Portanto, cuidar e ser cuidado são características dos seres humanos. A solidariedade é parte componente da natureza humana.

Portanto, a liberdade, a igualdade e a solidariedade são inerentes à natureza humana e constituem um núcleo fundamental de necessidades que, caso não sejam atendidas, impedem o ser humano de desfrutar uma vida saudável.

Ao longo da história, a partir das experiências em que predominou a desigualdade, a discriminação, a privação da liberdade e o egoísmo, cujos efeitos revelaram a destruição do homem pelo homem, surgiu a necessidade de impor limites à liberdade. Este limite, hoje, é reconhecido na dignidade alheia.

A dignidade é um valor universal e nada mais importante é considerado pela ordem jurídica do que o ser humano e, em relação à dignidade, implica garantir a igualdade, a liberdade e a fraternidade.

A soberania das nações não é absoluta frente ao caráter universal dos direitos humanos. Existem direitos que não dependem de previsão positiva; eles vigoram onde houver um ser humano. Instituíram-se natural e historicamente na razão ético-jurídica mundial a partir de eventos nos quais se verificaram violações graves da dignidade humana. Estes direitos constituem uma categoria denominada de direitos humanos.

No curso de sua evolução, os direitos humanos passaram a figurar nos textos das constituições das diversas nações em fenômeno denominado de constitucionalização e, a partir de sua positivação legal, mereceram a denominação de direitos fundamentais.

Também houve reconhecimento de tais direitos em declarações advindas de movimentos revolucionários que emergiram em contraposição aos desrespeitos à dignidade humana, tal como aconteceu na Revolução Americana, na Francesa, motivadas pela violação da liberdade e na Declaração Universal dos Direitos do Homem e do Cidadão, de 1948, em decorrência de atrocidades perpetradas por ocasião da Segunda Guerra Mundial. Nestas duas últimas com revelação de aspecto essencial de sua configuração — a universalidade.

A liberdade é o mais amplo elemento que compõe a base da dignidade humana. Na evolução da afirmação dos direitos humanos pode-se observar sempre o objetivo de impedir a submissão de um ser humano por outro, individual ou coletivamente.

A partir da corrosão gradativa e natural do sistema de relações "sociais" que caracterizaram o feudalismo e a posterior afirmação dos direitos de liberdade, cuja consciência dominou os séculos XVIII e quase todo o século XIX, surgiu a classe burguesa e as cidades.

O Estado legitimava a discriminação e, com isso, patrocinava um sistema de privilégios para poucos — apenas para o monarca e membros da nobreza — subtraindo a liberdade da maioria. Quando a similitude de condições caracterizou classes sociais distintas estas se sentiram fortes o suficiente para fazer pressão sobre os dominadores a fim de conquistar a participação cidadã. Houve uma valorização das ideologias liberais, cujos preceitos básicos passaram a dominar as relações.

Os burgueses e os trabalhadores franceses promoveram a revolução que foi o marco da mudança mundial de valores, com inauguração de uma nova ordem. Com este objetivo é que houve a imposição de um absenteísmo público, conferindo-se a tônica da negociação privada nas relações.

Na verdade, e isso o futuro revelaria, aquilo que parecia ser um movimento de humanização de natureza universal, apenas mudaria a face dos atores, pois a classe burguesa, detentora do capital, teve na liberdade plena o principal instrumento de dominação do poder. A partir daí pode-se observar uma mudança na feição relacional.

Na metade do século XIX já era possível constatar a pauperização da classe trabalhadora. As péssimas condições ambientais em que o trabalho era prestado sem limitação de jornada ou tempo para repouso e sem a estipulação de uma remuneração mínima, proporcionavam aos trabalhadores uma vida curta e sem condições de dignidade, pois a necessidade de trabalhar retirava dos trabalhadores a possibilidade de escolha.

A evolução crescente dos métodos de produção do que se costumou chamar de primeira revolução industrial, proporcionou a desvalorização da mão-de-obra, pois os modernos instrumentos substituíam, com vantagens, seu labor.

Novamente, o desprezo à importância maior do ser humano provocou uma onda de revolta que fez com que a classe esmagada se conscientizasse de sua importância e passasse a reivindicar condições melhores. Vicejaram movimentos e ideologias de caráter socialistas, pregava-se que entre os indivíduos e as classes de uma nação existe uma solidariedade ainda mais profunda do que a econômica. Sistematizou-se, ainda no século XIX, o socialismo.

Tomou corpo a idéia de solidariedade e o Estado não interveniente tornou-se o responsável por equilibrar as relações, proporcionando igualdade jurídica onde havia desigualdade de condições reais. Falava-se em paternalismo estatal, em estado do bem-estar social etc.

Sempre em busca da garantia da liberdade e da igualdade os homens produziram direitos cujos destinatários eram eles próprios, individualmente. Aos poucos e ainda em decorrência de fatos em que a subversão dos valores humanos provocou tragédias na vida, o homem percebeu que havia direitos cujos destinatários não podiam ser identificados, ou melhor, o destinatário era a própria humanidade como, por exemplo, o direito ao meio ambiente equilibrado, à natureza viva. Portanto, não seria respeitoso à dignidade humana, por mais que se não agredisse diretamente um ser humano, destruir o meio ambiente.

Neste momento tornou-se muito mais evidente a solidariedade inafastável que envolve toda a raça humana.

O fenômeno do reconhecimento de direitos que garantam um mínimo de dignidade necessária ao ser humano é infinito e, por isso, a moderna classificação elaborada por *Brito Filho*, consoante o interesse protegido, melhor se coaduna a essa sua natureza.

Os direitos humanos devem ser alocados consoante a dimensão que integrem considerando o interesse protegido, pois a violação de um mesmo direito humano pode suceder individual, coletiva ou difusamente. Observando-se com acuidade, percebe-se que o que se altera é o método por meio do qual se violam os direitos humanos.

A preservação do ser humano é o que respalda a necessidade do reconhecimento dos direitos humanos, pois a evolução econômica propiciou uma luta entre os interesses capitalistas e a salvaguarda da dignidade humana. O direito ao trabalho como direito humano de natureza social, atrai, como corolário, o direito à proteção da intimidade do trabalhador.

A intimidade é uma característica inerente ao ser humano e fundamenta direitos de sua preservação classificados como personalíssimos, humanos e fundamentais. Assim, são direitos que devem preceder em importância qualquer outra espécie jurídica, pois não pode haver nada mais importante para o direito do que a dignidade do ser humano.

A intimidade é a mais elevada expressão da personalidade humana. É a partir da relação que um ser humano tem consigo que se reflete sua expansão para os relacionamentos com os demais. No grau de opção que ele faz em se apresentar aos outros se estabelece a forma de relacionamento e os sentimentos. Na permissão de conhecimento e na abertura que os seres humanos permitem em graus diferentes aparecem os sentimentos que alimentam a felicidade humana e, a partir de seu exercício, molda-se a feição do indivíduo.

A violação da intimidade é a maior agressão que se pode produzir contra a liberdade mais singela que o ser humano possui — a de escolher o que sai e o que não sai de seu claustro psíquico, aquilo que é só seu e o que vai ser compartilhado com os demais seres humanos.

O empregado, pela própria condição de subordinação em que se encontra, padece de condições adequadas que lhe permitam insurgir-se contra as agressões que se dirigem contra sua intimidade e, justamente por isso, é que, no âmbito das relações de emprego, a violação do direito humano fundamental deve ser absolutamente vedada e reforçada sua fiscalização.

Apesar disso, as leis, a doutrina e a jurisprudência, nos países em que pesquisamos e mesmo no Brasil, acabam por relativizar o direito de intimidade dos empregados, admitindo que os empregadores procedam a revistas íntimas, nos computadores e escutas telefônicas.

Decisões judiciais fundamentadas em dados colhidos a partir da violação da intimidade do empregado são absolutamente nulas. Revelar o conteúdo de comunicações pessoais que o empregado não divulgou abertamente nas decisões judiciais é uma forma de abuso de poder e desrespeito a toda a história da humanidade, além de desrespeito à memória de todos aqueles que morreram por violação da dignidade humana. Admitir isto contrariaria o conceito de direitos humanos e suas características.

Não há direito de propriedade, poder de direção ou qualquer outra espécie de direito que justifique, ao empregador, desprezar direitos humanos dos empregados e atuar como se fosse polícia. Furtos ou fraudes devem ser investigados e punidos pelo Estado. Permitir ao detentor do capital atuar como se fosse autoridade pública corresponde a retroagir ao tempo em que a justiça se realizava pelas próprias mãos.

Não garantir aos empregados um mínimo de direitos que preservem sua dignidade e cidadania, como pretendem os defensores da política neoliberal, corresponde a reproduzir uma etapa histórica que já foi ultrapassada.

O imperialismo que outrora dominou o âmbito de países, com a globalização adquiriu uma dimensão universal. A classe dominante, hoje, corresponde ao povo de uma nação e os das demais nações correspondem às classes esmagadas e sem direitos. A história se repete em ciclos.

Portanto, no Brasil, em face do direito positivo vigente, e no Mundo, diante da consciência ético-jurídica que emergiu com mais clareza dos episódios da Segunda Guerra Mundial, o direito à intimidade do empregado deve ser garantido de forma absoluta frente às atitudes do empregador.

Os recentes estudos sobre o instituto do assédio moral deixam claro que a violação da intimidade é uma das formas de perpetrá-lo e sua verificação gera uma série de males graves à saúde humana, ferindo de modo moderno a dignidade.

Os males psicossomáticos podem ser muito mais mortais e cruéis do que os males apenas físicos, podendo conduzir, inclusive, ao suicídio. Esse é o sinal mais grave da importância do respeito à intimidade do empregado, pois, sem ele, não há dignidade e, sem esta, não se pode falar legitimamente em vida, ou mesmo em história da humanidade.

REFERÊNCIAS BIBLIOGRÁFICAS

A PRIVACIDADE do Trabalhador no Meio Informático. Disponível em: <http://www.mundojuridico.adv.br>. Acesso em: 6.7.05

ARAÚJO, Luiz Alberto David; NUNES JUNIOR, Vital Serrano. *Curso de direito constitucional*. 8. ed. São Paulo: Saraiva, 2004.

AVOLIO, Luiz Francisco Torquato. *Provas ilícitas*: interceptações telefônicas e gravações clandestinas. São Paulo: Rev. dos Tribunais, 1999.

BARCELLOS, Ana Paula. *A eficácia jurídica dos princípios constitucionais:* o princípio da dignidade da pessoa humana. São Paulo: Renovar, 2002.

BARROS, Alice Monteiro de. *Curso de direito do trabalho*. São Paulo: LTr, 2005.

_____. *Proteção à intimidade do empregado*. São Paulo: LTr, 1997.

BELFORT, Fernando José Cunha. *Meio ambiente do trabalho*: competência da justiça do trabalho. São Paulo: LTr, 2003.

BITTAR, Carlos Alberto. *Os direitos da personalidade*. 5 ed. São Paulo: Forense Universitária, 2001.

BOBBIO, Norberto. *A era dos direitos*. Rio de Janeiro: Campos, 1992.

BRASIL. *Constituição Federal*. São Paulo: Saraiva, 2005.

_____. *Código Civil brasileiro*. São Paulo: Saraiva, 2003.

_____. Lei n. 8.078, de 11 de setembro de 1990, dispõe sobre a proteção do consumidor e dá outras providências. In: NEGRÃO, Theotonio; GOUVÊA, José Roberto Ferreira. *Código de processo civil e legislação processual em vigor*. 35. ed. São Paulo: Saraiva, 2003. p. 1.186-1.193.

_____. Lei n. 9.799/99, que inseriu modificações na CLT. In: CARRION, Valentin. *Comentários à Consolidação das Leis do Trabalho*: legislação complementar e jurisprudência. 29. atual. São Paulo: Saraiva, 2004. p. 249.

BRITO FILHO, José Cláudio Monteiro. *Direito sindical*. São Paulo: LTr, 2000.

_____. *Direitos humanos, cidadania, trabalho*. Belém: edições do autor, 2004.

_____. *Direitos humanos e discriminação de trabalhadores no estado do Pará*: atuação do Ministério do Trabalho, do Ministério Público e da Justiça do Trabalho. Relatório de Pesquisa. Belém: UNAMA, 2002.

_____. Direitos sociais, políticas públicas e atuação do Ministério Público do Trabalho. *Revista Cadernos da Pós-graduação em Direito da UFPA*, Belém, v. 8, n. 18/19, p. 27-41, jan/dez, 2003.

_____. *Discriminação no trabalho*. São Paulo: LTr, 2002.

_____. *O Ministério Público do Trabalho e a ação anulatória de cláusulas convencionais*. São Paulo: LTr, 1998.

_____. *Trabalho decente: análise jurídica da exploração do trabalho*. São Paulo, LTr, 2004.

_____. Trabalho subordinado no sul do Pará. *Revista do Ministério Público do Trabalho*, Brasília, n. 9, pp. 60-65, mar. 1995.

CAIXETA, Sebastião Vieira. O assédio moral nas relações de trabalho. *Revista do Ministério Público do Trabalho*, São Paulo, v.13, n. 25, mar. 2003.

CARRION, Valentin. *Comentários à Consolidação das Leis do Trabalho:* legislação complementar e jurisprudência. 29 atual. São Paulo: Saraiva, 2004.

COMPARATO, Fabio Konder. *A afirmação histórica dos direitos humanos*. 3. ed. rev. amp. São Paulo: Saraiva, 2004.

COSTA JÚNIOR, Paulo José. *O direito de estar só* — tutela penal da intimidade. 2. ed. São Paulo: Saraiva, 1995.

DALLARI, Dalmo de Abreu. *Direitos humanos e cidadania*. 2. ed. reform. São Paulo: Moderna, 2004.

_____. *O que são direitos da pessoa*. São Paulo: Brasiliense, 2004

D'AOUST, Claude. Relation d'emploi et droit de la personne. In: BARROS, Alice Monteiro de. *Proteção à intimidade do empregado*. São Paulo: LTr, 1997.

DELGADO, Mauricio Godinho. *Curso de direito do trabalho*. São Paulo: LTr, 2004.

DINIZ, Carlos Francisco Sica. In: *Enciclopédia Saraiva de Direito*. São Paulo: Saraiva, 1977. n. 61, pp. 170-176.

DINIZ, Maria Helena. *Curso de direito civil brasileiro*. São Paulo: Saraiva, 2003. v. 1

EXPRESSO Queiroz é condenada por danos morais. Notícias do Tribunal Superior do Trabalho. Disponível em: <http://ext02.tst.gov.br/pls/no01/no_noticias.Exibe_Noticia?p_cod_noticia=4218&p_cod_area_noticia=ASCS>. Acesso em: 20.8.05.

FARIAS, Edilson Pereira. *Colisão de direitos* — a honra, a intimidade, a vida privada e a imagem versus a liberdade de expressão e informação. 2. ed. Porto Alegre: Fabris, 2000.

FERREIRA FILHO, Manoel Gonçalves. *Curso de direito constitucional.* 28. ed. São Paulo: Saraiva, 2001.

_____. *Direitos humanos fundamentais.* 6. ed. São Paulo: Saraiva, 2004.

FINATI, Claudio Roberto. As relação de trabalho na era da informática. *Síntese Trabalhista*, São Paulo, n. 136, p. 17-23, out 2000.

FRANCO FILHO, Georgenor de Sousa. *Globalização do trabalho*: rua sem saída. São Paulo: LTr, 2001.

GRAU, Eros Roberto. *A ordem econômica na constituição de 1988.* 5. ed. São Paulo: Malheiros, 2000.

GRAU, Eros Roberto; GUERRA FILHO, Willis Santiago. *Direito constitucional:* estudos em homenagem a Paulo Bonavides. São Paulo: Melhoramentos, 2003.

HERMOGENES, P. G. *Yoga para nervosos*, 85. 25. ed. São Paulo: Record, 19?

HOLANDA, Aurélio Buarque de. *Novo dicionário Aurélio.* Rio de Janeiro: Nova Fronteira, 1986.

JENNINGS, Charles. *Privacidade.com.* São Paulo: Futura, 2000.

LEDUR, José Felipe. *A realização do direito do trabalho.* Porto Alegre: Fabris, 1998.

LIMBERBGER, Têmis. A informática e a proteção à intimidade. *Revista Direito do Constitucional e Internacional*, São Paulo: Rev. dos Tribunais, n. 33, p. 111-124, 19?.

MARANHÃO, Délio; CARVALHO, Luiz Inácio B. *Direito do trabalho.* 17. ed. Rio de Janeiro: FGV, 1993.

MISTRONGUE, Alessandra Loyola; KERSTEN, Felipe de Oliveira. *Revista LTr Legislação do Trabalho*, v. 68, n. 3, São Paulo: LTr, mar. 2004.

MORAES, Alexandre de. *Direito constitucional.* 11. ed. São Paulo: Atlas, 2002.

MOURA, Mauro. *Chega de humilhação.* Entrevista concedida a André Bersano em junho de 2002. Disponível em: <http://amanha.terra.com.br/edicoes/178/entrevista_print.asp>. Acesso 23.11.04.

NASCIMENTO, Amauri Mascaro. *Curso de direito do trabalho.* São Paulo: Saraiva, 2004.

NUNES, Rizzatto. *A lei, o poder e os regimes democráticos.* São Paulo: Rev. dos Tribunais, 1991.

_____. *Liberdade* — norma, consciência, existência. São Paulo: Rev. dos Tribunais, 1995.

_____. *Manual de introdução do estudo do direito*. 4. ed. São Paulo: Saraiva, 2002.

_____. *O princípio constitucional da dignidade da pessoa humana*. São Paulo: Saraiva, 2002.

PAIVA, Mário Antônio Lobato de. *Comentários à jurisprudência: justa causa*. E-mail. Prova produzida por meio ilícito. Não ocorrência. 3ª Turma do Tribunal Regional do Trabalho do Distrito Federal. Jus Navigandi, Teresina, a. 6, n. 59, out. 2002. Disponível em: <http://www1.jus.com.br/doutrina/texto.asp?id=3337>. Acesso em: 6 mar. 2005.

_____. *E-mail e invasão de privacidade*. Acórdão do Tribunal Regional do Trabalho da 2ª Região. *Jus Navigandi*, Teresina, a. 6, n. 58, ago. 2002. Disponível em: <http://www1.jus.com.br/doutrina/texto.asp?id=3137>. Acesso em: 4 mar. 2005.

_____. *O monitoramento do correio eletrônico no ambiente de trabalho*. Jus Navigandi, Teresina, a. 7, n. 60, nov. 2002. Disponível em: <http://www1.jus.com.br/doutrina/texto.asp?id=3486>. Acesso em: 6 mar. 2005.

PRIVACIDADE fora de controle? *Revista Infoexame*, São Paulo. v. 17, n. 199, 1999.

RAMOS, André de Carvalho. *Responsabilidade internacional pela violação dos direitos humanos*. Rio de Janeiro: Renovar, 2004.

REVISTA DO MINISTÉRIO PÚBLICO DO TRABALHO, São Paulo: LTr, v.13, p. 90-114. mar. 2003.

REVISTA íntima: indenização a ser paga pela Marisa é de R$10 mil. Notícias do Tribunal Superior do Trabalho. Disponível em: <http://ext02.tst.gov.br/pls/no01/no_noticias.Exibe_Noticia?p_cod_noticia=52068&p_cod_ area_ noticia=ASCS>. Acesso em: 20.8.05.

RIBEIRO, Luis J. J. *A Prova ilícita no processo do trabalho*. São Paulo: LTr, 2004.

RODRIGUEZ, Américo Plá. *Princípios de direito do trabalho*. São Paulo: LTr, 1997.

RUPRECHT, Alfredo J. *Os princípios do direito do trabalho*. São Paulo: LTr, 1995.

SANCHÉZ RÚBIO, David; HERRERA FLORES, Joaquim; CARVALHO, Salo de. Org. *Direitos humanos e globalização*: fundamentos e possibilidades desde a teoria crítica. São Paulo: Lúmen Júris, 2004.

SANTOS JÚNIOR, Belisário. et alii. *Direitos humanos* — um debate necessário. São Paulo: Brasiliense, 1988.

SARMENTO, Daniel. *Direitos fundamentais e relações privadas*. Rio de Janeiro: Lumen Juris, 2004.

SILVA, Afonso José. *Direito constitucional positivo*. 24. ed. São Paulo: Melhoramentos, 1995-2005.

SIMÓN, Sandra Lia. *A Proteção constitucional da intimidade e da vida privada do empregado*. São Paulo: LTr, 2000.

SÜSSEKIND, Arnaldo; MARANHÃO; Délio; VIANNA, Segadas. *Instituições de direito do trabalho*. São Paulo: LTr. 1999. v. 1.

TRIBUNAL SUPERIOR DO TRABALHO. Disponível em: <www.tst.gov.br>. Acesso em: 18.7.05.

TST admite que empresa investigue e-mail de trabalho do empregado. Notícias do Tribunal Superior do Trabalho. Disponível em: <http://ext02.tst.gov.br/pls/no01/no_noticias.Exibe_Noticia?p_cod_noticia=53198&p_cod_area_noticia=ASCS>. Acesso em: 20.8.05.

TST condena empresa por realizar "revista visual" em empregada. Notícias do Tribunal Superior do Trabalho. Disponível em: <http://ext02.tst.gov.br/pls/no01/no_noticias.Exibe_Noticia?p_cod_noticia=41668&p_cod_area_noticia=ASCS.> Acesso em: 20.8.05.

VERDÚ, Pablo Lucas. Los derechos humanos como "religión civil". derechos humanos y concepción del mundo y de la vida.sus desafíos presentes. In: GRAU, Eros Roberto; GUERRA FILHO, Willis Santiago. *Direito constitucional:* estudos em homenagem a Paulo Bonavides. São Paulo: Melhoramentos, 2003. p. 516-539.

VICENTE, Nilza Maria; JACYNTHO, Patrícia Helena de Avila. Direito à intimidade nas relações de trabalho. *Síntese Trabalhista*, São Paulo, n. 143, p. 15-18, maio 2001.

WIENER, Norbert. *Cibernética e sociedade*. São Paulo: Cultrix, 1954.

WOLKMER, Antonio Carlos. Novos pressupostos para a temática dos direitos humanos. *In*: SÁNCHEZ RÚBIO, David; HERRERA FLORES, Joaquín; CARVALHO, Salo de. *Direitos humanos e globalização*: fundamentos e possibilidades desde a teoria crítica. Rio de Janeiro: Lumen Juris, 2004. p. 3-20.

ZIMMERMANN, Silvia Maria; SANTOS, Teresa Cristina D. R.; LIMA, Wilma Coral M. O Assédio moral e mundo do trabalho. *Revista do Ministério Público do Trabalho*, São Paulo, v.13, n. 25, p. 99-112, mar. 2003.

Produção Gráfica e Editoração Eletrônica: **LINOTEC**
Capa: **FABIO GIGLIO**
Impressão: **COMETA GRÁFICA E EDITORA**